Sonia de los Angeles López Pérez
Edwin Santamaría-Freire
Julio Mocha-Bonilla

Análise de problemas de composição escrita da língua inglesa

AF145077

Sonia de los Angeles López Pérez
Edwin Santamaría-Freire
Julio Mocha-Bonilla

Análise de problemas de composição escrita da língua inglesa

ScienciaScripts

Cover image: www.ingimage.com

This book is a translation from the original published under ISBN 978-3-330-08886-3.

Publisher:
Sciencia Scripts
is a trademark of
Dodo Books Indian Ocean Ltd. and OmniScriptum S.R.L publishing group

120 High Road, East Finchley, London, N2 9ED, United Kingdom
Str. Armeneasca 28/1, office 1, Chisinau MD-2012, Republic of Moldova, Europe
Printed at: see last page
ISBN: 978-620-7-38846-2

ÍNDICE DE CONTEÚDOS

Prefácio

As línguas estrangeiras têm estado presentes na mente dos estudantes de todo o mundo. No entanto, o domínio de uma língua não é assim tão fácil e os estudantes não têm conseguido falar línguas estrangeiras correcta e fluentemente a nível pessoal ou profissional. Daí a importância das políticas dos países e das instituições de ensino, onde se estabeleceu que língua estrangeira deveria ser ensinada, as horas de ensino, o material didático e o tempo a utilizar para o estudo. O resultado foi que cada instituição desenvolveu o seu programa de acordo com as suas necessidades.

Este facto causou um problema aos estudantes que, por razões pessoais, mudaram de instituição de ensino e não conseguiram aprovar o curso de língua estrangeira, apesar do tempo e do esforço empregues. As deficiências eram evidentes nas competências orais e escritas

A opinião de Watcharapunyawong e Yusaha (2012), que afirmam que a competência escrita é difícil de ser assimilada pelos aprendentes de línguas estrangeiras. No entanto, é também a que fornece mais provas, uma vez que a informação obtida é registada em papel.

No processo de aquisição de uma língua, os alunos têm de realizar diferentes tipos de exercícios, como os de correspondência, escolha múltipla e substituição, entre outras alternativas que podem ser utilizadas para atingir os objectivos definidos nas horas de aula e, assim, consolidar o conhecimento adquirido sobre a língua.

As competências estão intimamente ligadas umas às outras, mas cada uma tem as suas próprias características. Tal como os alunos têm estilos de aprendizagem diferentes, também não desenvolvem cada competência da mesma forma.

Para alguns estudantes, tanto as competências receptivas como as produtivas podem ser fáceis ou difíceis de assimilar, dependendo das suas capacidades e do seu gosto pelas línguas. De acordo com os trabalhos realizados a nível universitário nos diferentes níveis, verificou-se que a produção escrita é difícil de consolidar para a maioria dos estudantes universitários.

Em geral, as competências de escrita são desenvolvidas depois de o aluno ter efectuado exercícios gramaticais e auditivos e de ter sido capaz de obter informações através da leitura. Com o exercício escrito, os alunos podem expressar suas idéias, pensamentos e opiniões sob os diferentes estilos de escrita que devem ser desenvolvidos nos diferentes níveis de estudo oferecidos pelas agências autorizadas para o ensino de línguas estrangeiras.

Com esta ideia em mente, os investigadores procuraram informações sobre a competência de escrita ao nível das universidades equatorianas. A informação verificada era limitada e abrangia diferentes aspectos, mas não foi possível encontrar estudos sobre os insucessos que os alunos cometeram nesta competência de forma consecutiva.

Foram propostas duas hipóteses de trabalho. A primeira pretendia identificar se existiam deficiências no tratamento dos elementos gramaticais e na avaliação pelos alunos da modalidade regular. A segunda procurava obter informações sobre o efeito da técnica de feedback utilizada com os grupos de controlo. Isto permitiu identificar as variáveis correspondentes. Assim, a variável dependente está relacionada com a produção de erros que os alunos cometem nos respectivos níveis. E a variável independente é constituída pelos grupos que participam na presente investigação.

Como parte do grupo de professores que trabalha na Modalidade Regular del Departamento Especializado de Idiomas[1] , foi-me atribuído o nível A1 de iniciação à língua inglesa. O teste de diagnóstico foi aplicado para saber o que os alunos sabem sobre a língua e mostrou que o seu conhecimento da língua era limitado. Por isso, decidi perguntar-lhes qual era a competência que consideravam mais difícil de dominar e quais eram as razões. Entre outras respostas, os alunos afirmaram que: realizavam exercícios controlados, exercícios de compreensão auditiva e leituras curtas, eram convidados a escrever algumas linhas em que havia erros de diferentes tipos. Toda esta informação foi deixada em cada semestre e não houve um acompanhamento porque os alunos mudaram de professor, de horário, interromperam o estudo da língua por várias razões ou porque reprovaram na disciplina.

Por conseguinte, após um período de incerteza sobre o aspeto que poderia ser trabalhado e que contribuiria significativamente para o processo de aprendizagem da língua pelos alunos, decidiu-se trabalhar na identificação dos problemas que os alunos de

---

[1] DEDI: Departamento Especializado de Inglês.

inglês têm de enfrentar quando fazem as suas composições escritas nos testes finais de cada período.

Foram examinadas várias investigações sobre aspectos gramaticais em diferentes níveis de ensino de inglês como língua estrangeira, nomeadamente, Tan (2006); Diez-Bedman (2011) e Taghavi (2012). Esses trabalhos focaram em diferentes aspectos gramaticais, mas não foi possível encontrar estudos sequenciais. No entanto, foi possível identificar os conceitos que orientariam o presente trabalho escrito e que são mencionados a seguir.

Em primeiro lugar, cada país tem a sua língua oficial; no entanto, pode também existir uma língua estrangeira. Esta língua é ensinada obrigatoriamente nos primeiros anos de escolaridade e é utilizada livremente pelos cidadãos, ou seja, é utilizada em locais públicos e privados como meio de comunicação oral e escrita.

Em segundo lugar, entende-se por língua estrangeira a língua que uma pessoa escolhe em função das suas necessidades educativas ou da sua própria motivação. Esta língua é ensinada num espaço delimitado, como as salas de aula de uma instituição ou centro educativo. Para efeitos de ensino, pode ser utilizado um manual ou um módulo e existe um processo pré-estabelecido para a promoção das pessoas que a estudam.

Em terceiro lugar, cada língua é constituída por competências de audição, leitura, expressão oral e escrita. Cada pessoa aprende uma língua à sua maneira e desenvolve cada competência. Cada competência linguística não pode ser desenvolvida de forma independente, porque as competências linguísticas estão interligadas e fornecem informações úteis que podem ser reutilizadas em diferentes tipos de exercícios.

Na presente investigação, centramo-nos na competência de escrita. A competência em si é muito ampla, mas tomou-se como referência os trabalhos analisados, bem como as actividades a realizar pelos alunos do Departamento Especializado de Língua Inglesa (DEDI) dos diferentes níveis, a fim de encontrar um ponto comum entre eles. A partir da análise anterior, foi possível determinar que a melhor opção seria trabalhar com a composição efectuada pelos alunos no teste final de cada período.

Em quarto lugar, temos os elementos gramaticais com os quais pode elaborar vários tipos de trabalhos escritos. Por outras palavras, trabalhará com adjectivos, advérbios, determinantes, preposições, pronomes, sujeitos e verbos. Estes elementos estão presentes nos diferentes tipos de textos que é possível desenvolver com os alunos para que os conhecimentos recebidos nas aulas possam ser reforçados. Deve-se levar em conta que cada um dos elementos desempenha um papel importante para a emissão da mensagem escrita.

Em quinto lugar, são referidos os elementos de avaliação que são utilizados pelo (DEDI). São eles a fluência, a organização, a ortografia, a pontuação e o vocabulário. Estes elementos constituem uma rubrica através da qual os professores de inglês avaliam o trabalho escrito realizado pelos alunos de inglês desta unidade curricular.

Para a presente pesquisa foi verificado o trabalho realizado por Taghavi (2012), que trata das composições feitas por estudantes iranianos que possuíam um nível intermediário baixo de língua inglesa. A partir da análise realizada nos documentos coletados, os elementos de estudo foram classificados pelo número de erros cometidos pelos alunos. Em relação aos resultados obtidos, pudemos observar que o uso de artigos (fazem parte dos determinantes) foi mencionado como o elemento mais difícil de ser tratado corretamente. Em menor grau são encontradas as preposições e com uma incidência mínima os erros com o uso dos pronomes.

Uma contribuição significativa para esta competência é a de Diez-Bedmar (2011), que fez uma classificação dos erros que os alunos cometeram ao escrever as suas composições como parte dos exames necessários para entrar no nível universitário. Dentro dos resultados obtidos, o uso da gramática é identificado como a parte mais difícil de ser tratada. Por outro lado, salienta-se que, embora os alunos tenham problemas no uso correto dos sinais de pontuação, a sua incidência na transmissão da mensagem ao leitor é mínima.

Na mesma linha de trabalho foi encontrada uma investigação realizada por Tan (2006), feita com alunos do segundo ano do ensino médio. Os resultados mostraram que os verbos e as preposições estão entre os elementos avaliados de maior dificuldade de manuseio pelos alunos. E em menor grau estão os artigos (parte dos determinantes), bem como a ortografia.

A presente investigação foi realizada no DEDI da Universidade Técnica de Ambato. Está enquadrada num estudo descritivo de tipo pré-experimental "porque o grau de controlo é mínimo" (Hernandez et al., 2010, p.136). O grupo controlado foi

3

formado por 54 alunos de duas turmas e o grupo não controlado foi formado por 56 alunos de outras duas turmas. Este último grupo não fez parte do processo de feedback implementado.

Os grupos de estudo seleccionados para a investigação foram os grupos de alunos que se encontravam inscritos em cada turma. No entanto, para a seleção, foram tidos em conta dois aspectos: o primeiro foi a inscrição feita pelo aluno, em que este escolheu a língua e o horário que queria estudar. Em segundo lugar, foi considerado o facto de alguns alunos terem feito o teste de colocação e terem sido colocados neste nível. Relativamente à idade dos alunos, verificou-se que a maioria oscilava entre os 18 e os 20 anos. A maioria provinha de escolas públicas e tinha estado em contacto com a língua inglesa durante cerca de 5 anos, mas não tinha um bom domínio da língua. É de referir que o grupo não controlado apresentava as mesmas características.

Do mesmo modo, o pessoal docente é diretamente designado pelo Diretor do DEDI. Os professores recebem a informação do nível de inglês que vão ensinar durante o período letivo, bem como o número de paralelos que lhes são atribuídos. Posteriormente, foi realizada uma reunião informal com os professores responsáveis pelo nível Beginner A1 durante o período de setembro de 2012 a fevereiro de 2013, que se mostraram muito interessados em realizar o trabalho de investigação e, por consenso entre eles, foi decidido quem seria responsável pelo grupo controlado e não controlado.

Uma vez que os professores planeiam as suas aulas com antecedência, a investigadora pôde verificar os conteúdos a lecionar e criar as fichas de trabalho que iriam fazer parte do processo de feedback. O processo de feedback foi escolhido de acordo com o mencionado por Jensen (2004), que diz que o feedback é útil quando é feito imediatamente para o benefício das pessoas que estudam uma língua estrangeira; da mesma forma, é muito importante como estratégia de reparação ou disposição correctiva na reparação e tratamento de erros gramaticais. (Osborn, 2005). É por isso que esta técnica foi incorporada na aula de ensino do semestre de setembro de 2012 a fevereiro de 2013 e nos dois períodos seguintes. O tempo dedicado ao feedback foi os últimos trinta minutos do período de aula selecionado para este fim. O investigador e o professor de cada turma acordaram previamente um horário.

O processo de feedback consistiu em várias etapas: Em primeiro lugar, foi organizado um horário de trabalho para evitar qualquer interrupção do plano de aulas do professor. De seguida, foi organizada uma aula expositiva do elemento que ia ser tratado, de modo a explicar aos alunos o trabalho que iam realizar. As apostilas, que foram previamente elaboradas e aprovadas pelos professores de cada turma, foram entregues aos alunos. O objetivo do investigador era contribuir significativamente para o processo de aprendizagem da língua

Cada ficha de trabalho continha informações relevantes e concisas sobre o item a tratar, bem como diferentes tipos de exercícios, como a escolha da palavra correcta, exercícios de correspondência, seleção livre e resposta concreta, entre outros. A terceira parte dava aos alunos a oportunidade de escreverem as suas próprias ideias. Enquanto os alunos realizavam as tarefas nas fichas de trabalho, eram monitorizados e era-lhes prestada ajuda. As dúvidas eram esclarecidas quando necessário e, em todos os casos, era possível controlar as respostas e o feedback dos alunos.

A avaliação final foi efectuada quando os alunos escreveram a sua última composição no teste final. Uma vez corrigidos os testes, a investigadora iniciou a análise e codificação dos erros. Foram analisados os erros de omissão dos elementos gramaticais previamente seleccionados, bem como os elementos de avaliação.

Posteriormente, cada um destes elementos foi tabulado para identificar em que componentes os alunos, apesar do trabalho efectuado através do processo de feedback, voltaram a cometer os mesmos erros.

Parte da informação pode ser contrastada com a informação fornecida por Diez-Bedmar (2011). Pôde-se comprovar que o uso correto da gramática é um problema sério, mas não houve semelhanças em relação ao uso dos sinais de pontuação na elaboração dos trabalhos escritos. Por fim, na presente pesquisa foi possível identificar que os alunos do nível Pré-intermediário B1 não sabem organizar suas ideias antes de escrever.

O presente trabalho conclui-se com a apresentação de linhas futuras com as quais se pretende gerar um avanço dentro desta área de conhecimento. Propõe-se a elaboração e introdução de um módulo centrado no processo de escrita, destinado a cobrir

4

todos os níveis que se ensinam no Departamento de Línguas Especializadas, com ênfase nos elementos gramaticais e de avaliação.

Finalmente, os elementos secundários que podem ou não ser significativamente inferidos no processo de aquisição de diferentes línguas estrangeiras são considerados para investigação futura.

1. INTRODUÇÃO

Os progressos a que temos assistido ultimamente nas diferentes áreas de atuação do ser humano, e sobretudo ao nível da educação, não correspondem à realidade de todos os povos do mundo. Atualmente, ninguém questiona a importância das línguas como veículo de difusão do conhecimento. Dentro da diversidade global, existem também vários elos comuns que nos permitem interagir em harmonia e, entre eles, encontramos as línguas. Estima-se que existam entre 5.000 e 7.000 línguas no planeta. Por isso, é imperativo encontrar uma língua comum a muitas pessoas que possam partilhar informações importantes ou simples, trocar ideias, documentos ou pesquisas através de livros, revistas, módulos ou brochuras. Graças ao número de falantes de cada língua, foi possível classificá-las. A língua inglesa ocupa a segunda posição (Rajadell, 2009).

As pessoas consideram o inglês como a língua da informação científica. Este facto é confirmado pela elevada percentagem de trabalhos científicos escritos em inglês ou traduzidos em diferentes países para os dar a conhecer. Nos tempos que correm, muitos professores e investigadores escrevem e/ou traduzem as suas próprias investigações para serem divulgadas em todo o mundo, razão pela qual Torres-Gonzalez (2002) refere que é a língua mais utilizada para a ciência, tecnologia e multimédia.

Consequentemente, os estudantes beneficiam direta e indiretamente durante a sua formação académica de todo este material que é produzido e socializado. Eles preferem o inglês como segunda língua (SL) ou como língua estrangeira (FL). Por isso, é importante incentivar o estudo de línguas estrangeiras e, no processo de ensino-aprendizagem, deve ser dada importância ao desenvolvimento de cada uma das competências receptivas e produtivas, pois estas permitem a comunicação oral e escrita em diferentes áreas.

O presente trabalho trata da habilidade de escrever em língua inglesa. Embora essa habilidade não possa ser estudada isoladamente, pois interage com outras habilidades, ela tem sua própria estrutura e elementos que devem ser desenvolvidos. Muitos países abrem as portas para os estudantes em geral, por exemplo, oferecem o serviço de bolsas de estudo, que podem ser totais ou parciais. Pretendem ajudar os estudantes a iniciar, continuar ou terminar a sua formação académica. E, como referem Rico e Doria (2005), o inglês é um pré-requisito tanto a nível profissional como pessoal. Por conseguinte, as políticas educativas em diferentes países, incluindo o Equador, procuram responder às necessidades dos seus constituintes.

Países de todo o mundo procuram implementar políticas ou alternativas para resolver os problemas enfrentados pelos seus cidadãos nos diferentes níveis de ensino. Nos Estados Unidos da América (EUA) e no Reino Unido (RU) foi criado o caminho da língua inglesa, que no seu tempo serviu de guia para o estudo noutros países.

Como resultado do trabalho efectuado ao longo do tempo, surge o documento conhecido como Quadro Europeu Comum de Referência para as Línguas: Aprender, Ensinar, Avaliar MCER (2002), que tenta estabelecer um conteúdo comum a ser ensinado para as diferentes línguas. Além disso, não são estabelecidos os objectivos a atingir, nem a metodologia a utilizar no processo.

Em 1999, em resposta às necessidades dos estudantes, o Equador e o Reino Unido assinaram um acordo para normalizar e incentivar o ensino da língua inglesa no nível secundário. Trabalham sobre temas comuns, mas o desempenho dos alunos não corresponde aos resultados esperados, uma vez que os alunos no final do processo demonstram um baixo nível de competências linguísticas em situações reais, evidenciado tanto nas competências receptivas como nas produtivas. No caso do Equador, dentro dos regulamentos que foram implementados em relação ao estudo de uma língua estrangeira (LE) está o tempo de estudo da língua, o material a ser utilizado, bem como as avaliações que devem ser superadas para demonstrar o domínio sobre a língua (Espinosa, 2013).

No entanto, não é feita qualquer referência à metodologia e aos critérios de avaliação que os professores devem utilizar, o que faz com que cada professor avalie, com base nos seus próprios critérios, os erros que os alunos cometem nos seus trabalhos escritos. Do mesmo modo, no âmbito do exercício da liberdade académica, o professor assume as medidas correctivas que considera adequadas durante a realização do seu trabalho docente. Os resultados a curto, médio e longo prazo podem não ser os mesmos. Por isso, é imperativo criar uma política de controlo e acompanhamento e melhorar a produção escrita dos alunos quando aprendem uma língua estrangeira.

Quadro regulamentar

Quadro regulamentar europeu

Relativamente ao Reino Unido, tomou-se como referência o ano de 1995, uma vez que a partir desta data se inicia o incentivo ao estudo das línguas estrangeiras (Susz, 2005). E desde a Resolução do Conselho de 31 de março de 1995 (Meno, 2004), que é "relativa à melhoria da qualidade e à diversificação da aprendizagem e do ensino das línguas nos sistemas educativos da UE, que estabelece que os estudantes devem ter, regra geral, a possibilidade de aprender duas línguas da União para além da língua materna" (Susz, 2005, p.518).

Ou seja, foi criado para promover a aprendizagem das línguas estrangeiras de uma forma contínua, em que os utilizadores destas línguas desenvolvem as suas capacidades inatas ou aprendidas através da realização de diferentes tarefas, que têm como objetivo que o aluno possa realizar de forma eficiente e eficaz, tanto oralmente como por escrito, nos diferentes cenários com que se depara ao longo da sua vida. E, por meio da Resolução do Conselho de 16 de dezembro de 1997, é "sobre o ensino precoce das línguas da União Europeia" (Meno, 2002, p.261; Meno, 2004, p.63; Suzs, 2005, p.18). Para incentivar o ensino de uma língua estrangeira (LE) nas primeiras idades dos alunos, seria aconselhável utilizar técnicas de aprendizagem adequadas às idades dos alunos no processo de aprendizagem. Por outras palavras, é o professor que continua a ser um fator importante no processo de ensino-aprendizagem.

Este argumento é reforçado por (Clavijo Olarte, A, 2016) que menciona que os professores de língua inglesa precisam de melhorar a sua prática através de pedagogias mais contextualizadas social e culturalmente, ou seja, um ensino inovador pode ser melhorado se forem implementados métodos no processo de ensino-aprendizagem (Méndez, 2012), de forma a alcançar resultados positivos e permanentes.
No âmbito deste processo, a inovação é reforçada através da educação e da formação para a vida e o trabalho na sociedade do conhecimento. Além disso, no âmbito deste tema, é revelado que os sistemas educativos devem responder às necessidades da sociedade do conhecimento em todos os níveis de ensino.

Isto pode ser conseguido através da criação de centros de aprendizagem adequados, onde a informação e a tecnologia são promovidas, bem como as competências linguísticas são devidamente desenvolvidas. Através do Conselho da União Europeia de 17 de julho de 2000, o ano de 2001 foi estabelecido como o "Ano Europeu das Línguas" (Meno, 2004, p.518; Valle, 2011, p.461). A contribuição no domínio das línguas é transcendental, uma vez que a sua principal função era promover o estudo de línguas estrangeiras nos países europeus.

O processo de aprendizagem de línguas deve ir para além da comunicação básica, não devendo ser visto como um elemento de moda, mas sim como um instrumento de aprendizagem. Esta ideia é apoiada pelo relatório do Conselho da Educação de 12 de fevereiro de 2001 ao Conselho de Estocolmo: "Os futuros objectivos precisos dos sistemas de educação e formação" referem que o aluno deve melhorar a aprendizagem de línguas, o que será útil a nível profissional (Meno, 2004, p.63). A aprendizagem de uma LE é um processo sequencial e a interiorização do conhecimento tem de ser feita pelo aluno, o que pode ser efectuado através de diferentes estratégias.

Este facto é corroborado, através das linhas linguísticas da União Europeia, onde se considera que o domínio de uma LE é uma competência básica, que deve ser realizada ao longo da vida (MCER, 2002; Meno, 2004). Desta forma, destaca-se a importância da aprendizagem da língua, sendo evidente que para o seu uso correto é necessária a prática.

No mesmo ano, a Recomendação do Parlamento Europeu e do Conselho, de 10 de julho de 2001, relativa à mobilidade na Comunidade (Meno, 2004, p.63, Rodriguez e Rodriguez, 2006, p.206), incentivou o livre trânsito pelos diferentes países do grupo europeu de estudantes, voluntários, professores e formadores.

O livre trânsito pelos países europeus permitiria aos estudantes viver e assimilar a cultura através de uma troca de emoções e sentimentos durante a visita a diferentes países. Esta experiência não pode ser evidenciada nos textos que devem ser revistos nos seus países de origem. Os professores e os formadores de professores encontram nestas viagens uma oportunidade única de aprender com novas experiências, partilhar os seus êxitos e reforçar os seus pontos fracos, sem estarem rodeados pelas inevitáveis pressões laborais.

O Conselho da União Europeia emitiu a Resolução do Conselho de 14 de fevereiro de 2002, que se refere à promoção da diversidade linguística, bem como à aprendizagem de línguas compatíveis com as metas contempladas nos objectivos do Ano Europeu das Línguas (Susz, 2005; Valle, 2006). Por outras palavras, promove-se o processo de aprendizagem de línguas estrangeiras dentro e fora dos países da União, sendo cada Estado responsável pelos conteúdos a ensinar, bem como pela respectiva organização dos sistemas de controlo educativo. A diversidade cultural e linguística deve ser tida em conta neste processo.

No documento referido na Resolução de 14 de fevereiro de 2002, "o conhecimento das línguas como capacidade básica, a diversidade linguística e a aprendizagem das línguas que os cidadãos europeus devem possuir para poderem atuar na sociedade europeia do conhecimento" (Meno, 2004, p.37). Esta capacidade básica, ligada ao livre trânsito de alunos, professores e das diferentes pessoas que têm a ver com o domínio das línguas, pode ser aumentada quer a nível educativo, pessoal ou profissional (Meno, 2004; Valle, 2011). No que diz respeito ao ensino universitário ou superior, a promoção do multilinguismo tanto a nível social como individual é considerada fundamental. De facto, é considerado relevante que um estudante possa estudar um ano inteiro num país estrangeiro, onde pode aprender tanto a língua regional como a língua dos migrantes que se encontram nessa área, e que isso possa ser reconhecido no seu programa de estudos.

Por último, o Conselho Europeu de Barcelona propõe "(...) promover as qualificações profissionais e a mobilidade na UE... " (Meno, 2002, p.259), devido à procura crescente de europeus motivados para a aprendizagem de línguas por razões pessoais e/ou profissionais.

A contribuição da União Europeia é muito significativa através do desenvolvimento e da divulgação do Quadro Europeu Comum de Referência para as Línguas: Aprender, Ensinar, Avaliar (2002). Este documento serviu de referência para a elaboração dos diferentes níveis de várias línguas a nível mundial.

Quadro regulamentar no Equador

Para melhorar a gestão da língua estrangeira, nomeadamente o inglês, o Equador estabeleceu acordos com instituições de ensino secundário com o objetivo de unificar os conteúdos a apresentar aos alunos, a preparação dos professores que ensinam a língua e o material didático a utilizar nos diferentes cursos.

O Reino Unido tem uma presença física de mais de trinta anos no nível secundário equatoriano, que é o nível obrigatório antes do nível universitário. Este facto foi possível graças a uma série de acordos bilaterais entre os dois países, a seguir mencionados: Acordo Cultural entre o Governo da República do Equador e o Governo do Reino Unido da Grã-Bretanha e Irlanda do Norte, de 18 de junho de 1979, e o Projeto de Reforma do Currículo de Inglês, de julho de 1992.

Do documento do Acordo Cultural entre o Governo da República do Equador e o Governo do Reino Unido da Grã-Bretanha e Irlanda do Norte, Especificamente em 18 de junho de 1979, os seguintes artigos são extraídos, pois estão relacionados ao trabalho de pesquisa. No artigo 3 da referida Convenção, a legitimidade da certificação internacional é promovida como um direito do aluno. Enquanto o artigo 8º indica que "cada uma das Partes Contratantes incentivará a concessão de bolsas de estudo no seu território para permitir que os diplomados do outro país prossigam os seus estudos (Convenção do Governo do Equador e do Reino Unido, 1979, p.3).

Este artigo encoraja indiretamente o estudante a mudar-se para outro país para estudar outra língua e aprender sobre a sua cultura. O artigo 12º estabelece que "o British Council será responsável pela execução do presente Acordo em nome do Governo do Reino Unido e pelo estabelecimento de centros para o ensino do inglês no Equador (Convenção do Governo do Equador e do Reino Unido, 1979, p.3). Com base neste artigo, em algumas cidades do Equador existem escolas de inglês controladas pelo governo do Reino Unido.

Em geral, pode ser evidenciado que se trata de promover o estudo da língua inglesa, uma vez que fornece as ferramentas necessárias para poder estudar este FL em ambas as nações. Posteriormente, um Acordo Complementar de cooperação técnica entre os Governos da República do Equador e do Reino Unido da Grã-Bretanha e Irlanda do Norte, de 2 de maio de 1989, para a realização do projeto de formação profissional de professores de inglês. No seu artigo 1º, refere-se à "formação de professores equatorianos de escolas fiscais em língua inglesa, na teoria e prática relevantes da metodologia de ensino dessa língua (Convenção Equador e Reino Unido, 1989, pp. 1-2). Neste artigo, destaca-se a importância da atualização do professor no processo de ensino-aprendizagem desta LE.

No mesmo artigo, é feita referência à "assessoria ao Ministério da Educação no estabelecimento de um programa nacional de formação profissional no ensino do inglês para professores do ensino secundário (Convenção Equador e Reino Unido, 1989, p.2). De acordo com este artigo, é criada a agência responsável pela supervisão e controlo da qualidade do ensino da língua inglesa no nível secundário. O artigo 3.º menciona a ajuda relativa à "formação de pessoal equatoriano": Provisão de formação (tanto no Equador como na Grã-Bretanha) para dois formadores equatorianos (Convenção Equador e Reino Unido, 1989, p.2). Neste artigo, podemos destacar a oportunidade de os professores de inglês poderem deslocar-se para outro país onde se fala inglês e exporem-se diretamente à língua.

Como podemos ver, o caminho para desenvolver corretamente esta língua foi aberto com a oferta de formação aos professores de inglês do ensino secundário, apesar dos esforços feitos a nível nacional, os alunos do ensino secundário no final dos seus estudos apresentavam grandes deficiências para comunicar fluentemente, quer oralmente quer por escrito.

Assim, a Educational First (EF) procedeu à avaliação dos professores de inglês, os resultados desta avaliação não foram lisonjeiros, e apenas uma pequena percentagem de professores era capaz de ensinar esta disciplina corretamente, a grande maioria tinha de atualizar os seus conhecimentos. Com base nesta informação, o governo equatoriano promoveu, a nível do ensino secundário, o programa "Go Teacher", que visa incentivar os professores de nomeação e contrato a prepararem-se e a fazerem o Teste de Inglês como Língua Estrangeira (TOEFL).

Em termos gerais, os acordos assinados tentam regulamentar o ensino do inglês, têm em conta a preparação do talento humano, bem como a adaptação do material didático a utilizar, no entanto, os alunos no final do ensino secundário continuam com um desenvolvimento limitado das suas competências comunicativas, tanto orais como escritas.

Na Constituição equatoriana de 1998, e mais especificamente no seu artigo 74, faz-se referência a que "a educação superior será conformada por universidades, escolas politécnicas e institutos superiores técnicos e tecnológicos. Será planeada, regulada e coordenada pelo Conselho Nacional de Educação Superior, cuja integração, atribuições e obrigações constarão da lei (...). (Constituição do Equador, 1998, p.14). Este artigo mostra que as universidades são instituições controladas, que têm a responsabilidade de garantir que os estudantes recebam uma formação académica e profissional que responda às necessidades da sociedade em geral.

O artigo 75.º refere que "as universidades e escolas politécnicas públicas e privadas são pessoas colectivas autónomas, sem fins lucrativos, que se regem pela lei e pelos seus estatutos aprovados pelo Conselho Nacional do Ensino Superior (...) (Constituição do Equador, 1998, p.14). Este artigo assinala a autonomia que todas as universidades equatorianas têm para desenvolver os seus próprios estatutos, que se baseiam nas necessidades da sociedade e do corpo estudantil que servem e, ao mesmo tempo, estes regulamentos estão ligados à Constituição do Equador. Em geral, a Constituição de 1998 mostra que é dever das universidades fornecer aos estudantes equatorianos as ferramentas necessárias para poderem desenvolver-se corretamente a nível profissional dentro e fora do país.

Na nova Constituição equatoriana de 2008, o artigo 346 estabelece que "haverá uma instituição pública, com autonomia, de avaliação integral interna e externa, que promova a qualidade da educação, (Constituição equatoriana, 2008, p.160). Este artigo reflecte o trabalho atualmente realizado pela Secretaria Nacional de Ensino Superior, Ciência, Tecnologia e Inovação (SENESCYT), porque realiza uma avaliação a todas as universidades do Equador.

O artigo 350º refere que "o sistema de ensino superior tem como finalidade a formação académica e profissional (...) e a difusão do conhecimento e da cultura (...) (Constituição equatoriana, 2008, p.162). Este artigo afirma que o ensino superior é responsável por fornecer aos estudantes universitários as ferramentas para actuarem a nível profissional em vários contextos a nível global.

O artigo 355.º proclama que "o Estado reconhece às universidades e escolas politécnicas autonomia académica, administrativa, financeira e organizativa, de acordo com os objectivos do regime de desenvolvimento e os princípios estabelecidos na Constituição (...) a autonomia garante o exercício da liberdade académica (...) " (Constituição do Equador, 2008, pp.163-164). Este artigo ratifica a autonomia que as diferentes universidades equatorianas têm para a elaboração dos seus respectivos estatutos que respondam às necessidades dos estudantes equatorianos.

Pode resumir-se que a nova constituição procura reforçar o ensino de qualidade a nível superior, promovendo o estudo de diferentes LFs através de diferentes universidades; uma vez que estas instituições consideram nos seus diferentes currículos a aprovação de uma língua estrangeira, para a qual dispõem dos recursos tecnológicos, bibliográficos e sobretudo do talento humano para cumprir este objetivo.

A Lei do Ensino Superior encarrega-se de regular os organismos e instituições que o compõem, para que seja garantido o direito a uma educação superior de qualidade e, portanto, propensa à excelência académica. E é que o artigo 15 faz referência aos "órgãos públicos que regem o Sistema de Ensino Superior são O Conselho de Ensino Superior (CES); este órgão deve cumprir diferentes funções, entre as quais o planeamento, a regulação e a coordenação de todo o sistema de ensino superior no Equador, e, O Conselho de Avaliação, Acreditação e Garantia de Qualidade do Ensino Superior (CEAACES). O que cumpre várias funções, das quais se destacam, o planeamento, a coordenação e a execução das diferentes actividades que serão utilizadas para a avaliação e consequentemente a acreditação académica das diferentes universidades, com as quais se pretende prevenir o ensino superior (LOES, 2010, p.8).

Do mesmo modo, esperam-se resultados positivos e encorajadores a nível universitário, uma vez que, no âmbito da política estatal, o atual governo abriu as portas a todos os estudantes universitários do Equador, para que possam estudar em qualquer universidade do mundo, na área de estudos que desejarem, através da atribuição de bolsas de estudo integrais, tanto individuais como familiares. Os requisitos para obter este apoio são basicamente boas notas, conhecimento da língua, especialmente o inglês, para além dos requisitos legais de cada universidade.

Conclui-se que as diferentes universidades públicas e privadas deste país estão sob o controlo e a supervisão de instituições relacionadas com o ensino superior. Estas instituições regem-se por indicadores de qualidade para garantir que os estudantes universitários equatorianos recebam uma formação de qualidade de acordo com as necessidades de um mundo globalizado em que a gestão correcta da informação, da tecnologia e das línguas promove o seu desempenho pessoal e profissional.

No artigo 15 menciona que os "organismos públicos que regem o Sistema de Ensino Superior são O Conselho de Ensino Superior (CES); este órgão deve cumprir diferentes funções, entre as quais se destacam a planificação, regulação e coordenação de todo o sistema de ensino superior equatoriano, e, o Conselho de Avaliação, Acreditação e Garantia de Qualidade do Ensino Superior (CEAACES). O que cumpre várias funções, das quais se destacam, o planeamento, a coordenação e a execução das diferentes actividades que serão utilizadas para a avaliação e consequentemente a acreditação académica das diferentes universidades, com as quais se pretende prevenir o ensino superior (LOES, 2010, p.8).

Teorias sobre a aquisição de uma segunda língua

Neste capítulo, são mencionados aspectos relevantes relacionados à língua inglesa, tais como: teorias sobre o ensino de língua estrangeira ou segunda língua. Uma análise sobre Krashen (2002) e sua teoria do monitor; métodos utilizados nos Estados Unidos para o ensino de inglês, bem como os utilizados na União Européia, pois eles têm norteado o processo de ensino dessa língua em todo o mundo. Faz-se, portanto, um rápido relato das principais características de cada um deles e destaca-se a influência que tiveram ao longo do tempo.

Quando um estudante quer aprender uma língua estrangeira, tem várias possibilidades: entrar num centro de estudos onde trabalhará com professores e colegas; viajar para um país onde se fale a língua que quer aprender para se alimentar a si próprio e à sua própria experiência; ou autodidata, caso em que a perseverança e a capacidade pessoal prevalecerão.

Quanto ao académico, ao longo do tempo, as diferentes teorias têm sido aplicadas tanto nos manuais como na metodologia utilizada pelos professores. Estes factores estão relacionados com o próprio estilo de aprendizagem dos alunos e com outros

10

factores que podem interferir direta ou indiretamente neste processo, que podem ser internos ou externos.

Um breve resumo sobre a aquisição de uma segunda língua

Uma definição muito geral da aquisição de uma língua poderia ser: "o processo de aprendizagem de uma segunda língua (LE) é o processo de aprendizagem de outra língua depois de a primeira ter sido adquirida" (Yang e Xu, 2001, p.14). Como se pode ver, este conceito pode ser aplicado tanto à LE como à FL. No início da década de 1970, os pesquisadores de aquisição de segunda língua (ASL) estavam interessados em estudar tanto as diferenças quanto as semelhanças entre a primeira e a segunda língua, e estabeleceram que a aquisição de uma segunda língua era afetada em diferentes graus pela L1 no processo de aquisição de uma LE (Nunan, 2011).

Entre os diferentes factores que devem ser considerados na aprendizagem de uma LE encontram-se: a idade, os materiais, as actividades implementadas pelo professor, o tempo de exposição do aluno à língua e, de igual modo, o tempo que o aluno deve dedicar ao processo da sua aprendizagem; tudo isto enquadrado no respetivo currículo a lecionar. Com o termo aquisição de uma segunda língua (ASL), engloba-se também a aquisição de mais do que uma língua por jovens e adultos (Nunan, 2011).

Ao longo dos tempos, as pessoas têm utilizado diferentes formas de ensinar e aprender línguas, entre outros factores, as características dos alunos e os métodos utilizados para os ensinar.

Um deles foi o behaviorismo, desenvolvido nos EUA na década de 1930 (Brennan, 1999; Pozo, 2009). Teve suas origens durante a Segunda Guerra Mundial e, dentro das características que poderiam ser obtidas do processo de aprendizagem de uma LE, verificou-se que os hábitos anteriores do aluno na L1 influenciavam sua aprendizagem (Zanon, 2007), já que uma pessoa aprende sua L1 materna com base na repetição, imitação e reforço, o que gera novos hábitos dentro da língua.

Para complementar a ideia anterior, acrescenta-se a contribuição de Schunk (1997) e Verdú et al. (2002). Consideram que a aprendizagem se baseia na relação estímulo - resposta que o aluno recebe por parte do professor. Por isso, é o professor que tem de criar um ambiente de trabalho favorável, uma vez que, se criar um ambiente agradável, a resposta do aluno será positiva. Esta teoria behaviorista refere que os fenómenos que surgem no aluno devem ser observáveis pelo que exclui os sentimentos e pensamentos próprios do indivíduo. Confirma desta forma que a posição ou atitude do professor é fundamental para a aprendizagem de uma LE/SL por parte do aluno.

Uma posição contrária é a de Nunan (2011), que afirma que o desenvolvimento cognitivo, a motivação, a atenção, os grupos multinível e a avaliação devem ser tidos em conta no processo de ensino-aprendizagem dos jovens. Devem ser tidos em conta tanto os factores externos, como a metodologia, o horário, os materiais didácticos, como os factores internos, como a motivação, o interesse, etc.

Face à teoria cognitiva, esta teoria tem-se encarregado de estudar como se processa a aprendizagem nos seres humanos, onde é que as pessoas adquirem os seus conhecimentos, as diferentes estruturas mentais que são necessárias e, além disso, as pessoas são capazes de processar a informação. Tudo isto é possível graças a um processo mental da informação recebida. Este processo seguiria a seguinte sequência: aquisição, organização, codificação, revisão, armazenamento, recuperação da memória e esquecimento.

Em suma, o que se pretende é gerar conhecimentos significativos. Por conseguinte, a aquisição de conhecimentos é influenciada por factores adicionais. Em primeiro lugar, a opinião e a necessidade dos participantes são tidas em conta porque são elementos fundamentais do processo. Em segundo lugar, são tidas em conta as condições do ambiente em que o conhecimento é gerado (Schunk, 1997).

Por outras palavras, a teoria cognitiva promove a ideia de que os alunos não só recebem ou adquirem conhecimentos, mas são capazes de construir os seus conhecimentos através de diferentes processos mentais. Promove a ideia de que o aluno é uma entidade ativa e que, juntamente com o professor, constrói o conhecimento. No caso do Equador, os estudantes universitários equatorianos foram expostos durante o seu estudo de Inglês como LE às diferentes teorias acima mencionadas. No entanto, as competências linguísticas da maioria dos estudantes ainda são mínimas, especialmente no que respeita às competências de escrita, o que é evidente nas suas composições de nível final.

11

Ensinar uma língua estrangeira a jovens estudantes.

De acordo com Pinter (2006) citado por Nunan (2011), verifica-se que o autor faz a classificação dos "alunos entre jovens e adultos". Uma vez que cada grupo tem suas características próprias no processo de aquisição de uma LE. Mas talvez a classificação de Han (2003), entre crianças e adultos, forneça um leque maior para estabelecer o processo de aquisição de uma LE por esses dois grupos.

Para reforçar este ponto, Han (2003) afirma: "aos cinco anos, todas as crianças normais adquirem um conhecimento completo da gramática utilizada pela comunidade onde vivem" (p. 1), pelo que uma criança que não tenha qualquer deficiência é capaz de conhecer a gramática utilizada pelas pessoas com quem vive. Este facto fomentaria a crença de que as LEs devem ser aprendidas numa idade precoce.

Essa situação é contrastada com a realidade dos adultos, Han (2003), que menciona "os resultados em graus variados de sucesso" (p.1), pois dentro dos graus de sucesso dos adultos, deve-se considerar que eles adquiriram previamente e já manejam uma L1, o que pode ou não interferir no processo de aquisição de uma LE, além de levar em conta fatores internos e externos que influenciam esse processo. Atualmente, o estudo de uma LE faz parte da maioria dos currículos educativos a nível mundial, e o currículo estabelecido no Equador não poderia ser exceção, uma vez que o ensino da língua inglesa está obrigatoriamente regulamentado a nível secundário. São vários os autores que dedicaram muito tempo e esforço a explicar como é que uma pessoa adquire uma língua. Para prosseguir com o tema da aquisição de línguas, será feita referência a um especialista neste domínio.

Teoria do Monitor de Krashen no processo de aprendizagem de uma língua

Entre os investigadores em aquisição de línguas encontra-se Stephen D. Krashen, um linguista e investigador, atualmente professor emérito da Universidade do Sul da Califórnia, que se dedicou ao estudo da forma como as pessoas adquirem uma segunda língua. O seu trabalho sobre a Teoria do Monitor afirma que os adultos adquirem uma segunda língua de forma consciente e inconsciente. Ou seja, a aquisição de uma segunda língua é feita de forma inconsciente, em contacto direto com o meio onde a língua-alvo é falada; enquanto a aprendizagem da língua é feita de forma consciente nas escolas, onde os erros são corrigidos. É de notar que estes processos estão inter-relacionados (Krashen, 2002). Assim, o feedback corretivo para o tratamento dos erros gramaticais é fundamental, pois se não houver essa correção, o aluno não detecta o erro e repete-o. É evidente que o aluno precisa de ser corrigido, independentemente do facto de a sua fluência e competência comunicativa não representarem um problema (Osborn, 2005).

Nas crianças, o processo de aquisição da língua é semelhante tanto ao da primeira língua como ao de uma segunda língua, em que a compreensão da mensagem, ou seja, é o mais importante. Este processo junta-se à ordem das estruturas, em que certas estruturas são aprendidas mais cedo, enquanto outras necessitam de um período de tempo mais longo. Obviamente, isto varia de acordo com as características de cada pessoa.

Entre as características do monitor está o tempo necessário para o seu funcionamento, bem como a sua concentração para responder corretamente de acordo com as regras previamente aprendidas. Este processo é difícil de ser cumprido em todas as fases pelos alunos; uma forma de tentar homogeneizar este problema é através da aplicação de diferentes tipos de testes gramaticais (Krashen, 2002).

A diferença entre aquisição e aprendizagem distingue três tipos de aprendizes, a saber: o aprendiz que precisa de conhecer todas as regras e, se não as conhece, recusa-se a falar; o aprendiz ótimo que utiliza a aprendizagem como complemento através da comunicação e, finalmente, o aprendiz excelente, que utiliza corretamente a gramática como se fosse um nativo da língua.

A aptidão e a atitude estão presentes na aprendizagem de um adulto, onde é evidente que a aptidão está diretamente relacionada com a aprendizagem consciente. Os testes de aptidão mostram a diferença entre avaliações monitorizadas versus avaliações em sala de aula (Krashen, 2002). Na medida em que a atitude se reflecte na orientação do aluno, ou seja, os factores de personalidade afectam diretamente a aprendizagem consciente da língua.

Escrever no âmbito das competências linguísticas

Aprender FL significa que uma pessoa deve dominar as quatro competências: ouvir, falar, ler e escrever. Como já foi referido, as competências receptivas e produtivas não podem ser aprendidas isoladamente, mas são complementadas por elas. Atualmente, num mundo onde a comunicação oral e escrita é importante. Quem domina uma LE/SL encontra várias alternativas de melhoria a nível pessoal e profissional. Esta é uma das razões pelas quais muitas pessoas são incentivadas a estudar. No entanto, as pessoas acham que as competências de escrita são difíceis de adquirir.

Em várias instituições, os professores concordam, bem como no facto de esta competência ser complexa, necessitando de uma motivação constante, de feedback e de correção por parte do professor, bem como de os alunos trabalharem com os seus pares. Lombana (2002), expressa que "a escrita é a competência mais difícil de dominar, tanto como a L1 ou a SL/FL" (p.44). Reforçando este conceito, Watcharapunyawong (2012) afirma que "das quatro competências de inglês, a escrita é a mais difícil para os estudantes de inglês que estudam numa SL".

Escrever é um processo que segue alguns passos em ordem sequencial e combina mais competências básicas do que qualquer outra área de estudo. É, de facto, mais complexo do que se possa pensar. Envolve algumas microcompetências como o uso correto da ortografia, o uso adequado das palavras para expressar o que se pretende de acordo com o tema, o uso correto dos elementos que formam uma frase, o uso correto das estruturas gramaticais, diferenciar as ideias principais das ideias de apoio, a coerência do texto, entre outras coisas.

No domínio da educação, a escrita é uma das quatro competências (Spratt et al., 2005) que se desenvolvem no âmbito do estudo de uma LE. Faz parte das competências produtivas da língua, porque cria uma mensagem a partir de letras que se combinam com uma determinada sequência gramatical para poder finalmente comunicar a mensagem a um destinatário que conhece a língua.

Referindo-se a esta competência Harmer (2010) indica que se deve diferenciar "entre escrever para aprender e escrever para escrever" (p.112). Dentro da sala de aula, a escrita é utilizada para aprender como uma ferramenta para reforçar o trabalho efectuado nas aulas pelo professor através dos diferentes tipos de exercícios que este considera pertinentes. Enquanto que escrever para escrever é o caminho que aqueles que querem ser escritores devem seguir. E talvez sejam Spratt et al. (2005) que resumem de forma simples o que se entende por escrever ao afirmarem que o ato de escrever se deve ao facto de se querer comunicar algo e para isso são utilizados diferentes sinais na superfície de um papel. Desta forma, a escrita contempla uma mensagem, algo que é significado por letras ou sinais.

O processo de composição no âmbito do estudo de uma língua é complexo. Porque na sua construção estão envolvidos muitos factores externos e internos que não podem ser totalmente dominados, pode-se e deve-se desenvolver subcompetências que permitam realizar esta competência com sucesso e como Spratt et al. (2005) " dependendo da idade e das necessidades dos alunos" (p.40), é importante conhecer as limitações que os alunos apresentam em cada nível, e garantir que avançam e não estagnam no processo.

É por isso que "os professores trabalham por vezes com modelos" (Spratt et al., 2005, p.40), o que se mantém sobretudo nos níveis iniciais, pois é dada ao aluno uma base sobre a qual trabalhar, a partir de mudanças de temas ou de complementos, para que desta forma se adquiram os elementos necessários com um contacto mais direto com a língua. Embora este tipo de exercícios seja guiado e o produto seja condicionado, pode ser uma alternativa para o dominar. Muitos professores optam por reforçar este tipo de composição com exercícios de completar espaços para conseguir uma boa coesão na mensagem.

Tipos de escrita

No domínio da escrita, é possível identificar os seguintes tipos de escrita: escrita narrativa, escrita descritiva, escrita expositiva, escrita persuasiva e escrita jornalística. O texto publicitário, os documentos jurídicos e administrativos, a escrita científica e técnica, (Munoz-Basols et al., 2012).

De acordo com Keir (2009), dentro dos vários textos que podem ser encontrados: o texto explicativo, o texto de contagem, o texto do relatório e o texto descritivo. Para além disso, o mesmo autor refere que um programa de escrita equilibrado deve considerar a escrita modelada, a escrita interactiva, a escrita partilhada, a escrita guiada e a escrita independente. Enquanto

Hutchinson (2005) expressa que, dentro da competência da escrita, existem textos descritivos, expositivos, narrativos e persuasivos. Cada um deles tem as suas características próprias e não é objetivo aprofundar cada um deles, apenas se pretende ter em conta que a área de estudo é muito ampla e que merece toda a atenção. No entanto, o trabalho de investigação ocupa uma pequena parte desta classificação, uma vez que se preocupa sobretudo com o texto descritivo e a escrita orientada.

Uma pessoa que escolhe comunicar através de um texto escrito deve ter em geral as seguintes precauções: usar o léxico relevante, uma estrutura a ser seguida, além de considerar o objetivo da mensagem e a quem se dirige. É por isso que, no âmbito do processo de ensino de uma LE/SL, um aluno pode escrever textos literários e não literários. Às vezes, pode usar apenas um deles, mas muitas vezes acontece que pode combinar diferentes tipos de textos, uma vez que são necessários para transmitir ideias, eventos e projectos, entre outras opções.

Elementos do processo de escrita

Para escrever qualquer tipo de texto, não é apenas necessário conhecer as estruturas gramaticais e ter um léxico adequado, mas também é necessário que os alunos saibam lidar com outros elementos, como o planeamento, a organização, a escrita, a edição e a revisão. Assim, menciona-se em primeiro lugar o planeamento, que consiste em esboçar ideias no papel. Para o esboço, os alunos podem recorrer ao brainstorming, a mapas conceptuais, a frases isoladas ou a palavras-chave.

Em segundo lugar, esta informação será utilizada na organização das ideias, ou seja, o aluno pode identificar em que ordem escrever, quais serão as ideias principais e quais serão as ideias secundárias.

Em terceiro lugar, há a escrita de um primeiro rascunho, nesta fase os alunos têm a oportunidade de coordenar ideias, contribuir com novas informações ou cancelar as que não contribuem para a transmissão da mensagem. É utilizado no processo de escrita dos pontos gramaticais estudados.

Para apresentar o texto, este deve ser editado, ou seja, deve ser verificada a gramática, ortografia, pontuação, clarificação de ideias, conceitos ou situações para ver se foram respondidas corretamente ao que foi pedido na instrução dada antes do exercício. O último passo é submeter o texto escrito à última fase do processo, que é a revisão, onde de acordo com todos os passos anteriores efectuados se podem alterar vários aspectos associados ao leitor para o qual se escreve o que foi escrito.

Quanto à revisão do texto, é possível optar pela revisão pelo professor que passa algum tempo a ler e a corrigir o texto, fazendo depois as correcções necessárias de acordo com os resultados obtidos. Assim, o aluno é um agente passivo da atividade. Também é aconselhável a edição por pares ou grupos, os professores podem incentivar os alunos a identificar os seus pontos fracos, a partilhar ideias e a aprender a ouvir o ponto de vista dos seus pares.

Escrever no Quadro Europeu Comum de Referência para as Línguas

O MCER2 (2002) é um documento orientador utilizado na elaboração de diversos textos para o ensino de inglês no mundo. Em termos de competência escrita, são apresentadas informações relevantes para os três níveis que são objeto de estudo.

No nível A1: é capaz de escrever frases e sentenças simples sobre si próprio e sobre pessoas imaginárias, sobre o local onde vive e o que lhe é dedicado (MCER, 2002). Por outras palavras, trata-se de informação básica mas que requer diferentes elementos gramaticais para tornar a mensagem clara para o leitor.

No nível A2: escrever sobre aspectos quotidianos do seu ambiente, em frases interligadas, por exemplo, pessoas, lugares, uma experiência de estudo ou de trabalho. Isto é feito através das composições descritivas. Uma vez que estes tipos de textos escritos são breves, baseados em factos, actividades passadas e experiências pessoais. É capaz de escrever uma série de frases simples e frases sobre a sua família, as suas condições de vida, os seus estudos e o seu emprego atual ou anterior. É capaz de escrever biografias imaginárias curtas e simples e poemas simples sobre pessoas.MCER (2002). Para o que já deve manejar um léxico adequado a cada situação e com estruturas gramaticais tanto do presente como do passado. Neste nível são especialmente desenvolvidas as composições de textos descritivos.

14

No nível B1: escrever descrições simples e pormenorizadas sobre uma série de temas do quotidiano da sua especialidade. Escrever relações de experiências descrevendo sentimentos e reacções em textos simples e estruturados. É capaz de escrever uma descrição de um facto particular, de uma viagem recente, real ou imaginária. É capaz de narrar uma história (MCER, 2002). Neste nível, começa a fazer uso dos diferentes tipos de textos. Ou seja, pode utilizar o texto publicitário para publicitar a sua carreira, utilizar o tempo imperativo para recomendar o consumo de determinados produtos com informações claras e directas (Dupont, 2004). Ou pode narrar e/ou descrever as suas experiências pessoais de uma forma detalhada e lógica para o leitor. Além disso, os alunos podem combinar textos literários (Garcia, 1998, Marimon, 2006) e textos não literários (Comparan et al., 2007; Dupont, 2004; Giron, 1993; Martinez, 2006) para cumprir a tarefa atribuída. É importante que os alunos tenham os recursos necessários, as instruções que o professor recebe para o desenvolvimento dos diferentes temas.

Análise de erros (EA) em inglês

Quando se deseja saber quais são os possíveis problemas que um aluno deve enfrentar para aprender uma LE, existem duas opções, a primeira é a Análise Contrastiva (AC) e a segunda a Análise de Erros (AE), como mencionado em (Gluth, 2003). A Análise Contrastiva foi formulada inicialmente por Fries em 1945, porém foi Lado em 1957 o responsável por desenvolvê-la e divulgá-la amplamente. A AC baseia-se na comparação de dois sistemas gramaticais. Ou seja, a língua materna do aluno (LN) com a língua que estava a aprender e cuja sigla é TL.

Segundo Lado (1957) a AC era muito útil porque permitia estabelecer tanto as semelhanças como as diferenças entre as línguas e com base nestes dados os alunos produziam ou não erros durante a aprendizagem da língua. A segunda opção é a AE, este conceito é uma ferramenta importante que nos ajudará mais tarde na análise dos erros cometidos pelos alunos de inglês dos diferentes níveis de DEDI da UTA.

Para podermos aprofundar este vasto campo da AE, parece-nos oportuno rever algumas definições deste termo feitas por determinados autores, que orientam no estudo da AE. O conceito de AE foi desenvolvido em 1960 sendo Corder o seu representante máximo que indicou que "a AE é reservada para o estudo de afirmações erróneas produzidas por um grupo de estudantes" (James, 2013, p.3). Ou seja, a AE, incide sobre uma parcela do campo de conhecimento, que é a razão de ser do trabalho de investigação. Como procederemos à identificação e análise dos erros que os alunos cometeram nas suas diferentes composições finais de escrita na parte relevante desta investigação.

De acordo com James (2013), "a AE é o processo para determinar a incidência, a natureza, as causas e as consequências de uma língua mal sucedida" (p.1). Como evidenciado por este conceito, é possível determinar vários fatores, tanto internos como externos, que podem afetar o aluno no processo de assimilação, gestão e domínio de uma LE.

É por esta razão que é necessário identificar os elementos em que os alunos têm dificuldade quando estão a aprender uma LE durante os três níveis consecutivos no DEDI. É de referir que os alunos têm de aprovar uma disciplina de língua estrangeira como parte dos requisitos de cada curso. Embora a AE tenha as suas limitações, que têm sido oportunamente apontadas por vários autores, e apesar das suas falhas, talvez a mais significativa apontada por (Celce-Murcia et al., 1996), este artigo mostra que a AE se centra nos problemas que os alunos têm e não tem em conta o bom desempenho.

Este critério orientará também a parte metodológica da presente investigação, uma vez que, para a análise correspondente, não serão consideradas as frases corretamente escritas em qualquer um dos parâmetros atribuídos para o presente estudo. Por outro lado, as falhas ou erros que podem ser encontrados, fornecem informações muito úteis tanto para os alunos como para os professores. Uma vez que a AE pode ser entendida como uma ferramenta dentro do processo de ensino-aprendizagem (EAP), este critério é partilhado por Van Pattern e Benati (2010) ao mencionarem que "a AE é um instrumento de pesquisa que se caracteriza por ser um conjunto de procedimentos para identificar, escrever e explicar os erros dos alunos de uma LE" (p.82).

Os alunos podem comunicar tanto verbalmente como por escrito. Assim, identificar, descrever e tentar encontrar uma explicação sincrónica para os erros seria muito interessante. Além disso, com esta atividade, o aluno pode melhorar o seu desempenho académico, tanto dentro como fora da sala de aula. Esta informação seria muito útil para o professor, uma vez que o ajudaria a incluir novos métodos, técnicas ou exercícios que promovessem o seu desempenho académico e optimizassem os recursos de que dispõe para o ensino da LE. Como já foi referido anteriormente, a EA centra-se nos erros que os alunos cometem quando querem comunicar numa LE, uma LE que estão a aprender (Gass et al., 2013).

O estudo de uma nova LE é um processo contínuo que exige tempo e esforço dos alunos, que devem percorrer um longo caminho para aprender, gerir e dominar uma língua. No entanto, este processo pode ser perturbado, como refere James (2013) quando refere que "os erros surgem de duas formas, o conhecimento de uma LE/SL fossilizou-se, ou ocorrem erros nas tentativas de comunicação" (p.2).

Por outras palavras, o processo de aquisição de uma LE é interrompido quando o conhecimento é fixo ou estagnado, criando o efeito que em línguas é conhecido como fossilização. Este conceito pode ser aplicado ao caso em que um aluno repete várias vezes o mesmo erro enquanto está a desenvolver as suas competências comunicativas.

Este conceito abre a porta a uma grande variedade de possibilidades, para encontrar a natureza original dos erros; o mesmo faz James, 1998, citado por Wetzorke (2005) que diz, pelo contrário, que "a EA é o estudo da ignorância linguística" (p.3). Esta definição é, tal como a anterior, muito ampla, pois não identifica qualquer categorização dos possíveis erros que os alunos podem cometer no decurso da aprendizagem de uma LE e das causas que os originam.

Wetzorke refere que a EA procura identificar e classificar os erros. Este conceito contrasta com o anterior, sobretudo quando o mesmo autor identifica o contributo direto da EA em relação aos dois princípios, nomeadamente, estes são "a obrigação de fornecer feedback útil e detalhado e ser capaz de se concentrar nos aspectos específicos do sistema linguístico (Wetzorke, 2005, p.3). Enquanto para Krashen (2002) a natureza dos erros está relacionada com o grau de monitorização do seu comportamento (Yang e Xu, 2001).

Classificação dos erros.

Uma vez que é difícil para os alunos ultrapassarem os erros sozinhos e necessitarem da ajuda de outra pessoa, podemos aconselhar a ajuda de um parceiro com um melhor domínio da língua, bem como do professor. A AE permite distinguir entre erros interlinguísticos que são "atribuídos à língua materna" e erros intralinguísticos que são "os da língua que está a ser aprendida e não têm qualquer relação com a língua materna" (Gass et al., 2013, p. 92).

Por meio dessas classificações, o campo de análise de erros é filtrado. Consciente de que não é possível analisar exaustivamente cada tipo de erro, pois não há segurança na classificação em si; assim o resolve Odlin (1997) que pensava que o grande desafio da EA era decidir qual a categoria a atribuir a um determinado erro cometido por um aluno no seu processo de comunicação. Assim, com base nos conceitos que foram revistos sobre os erros e consciente de que estes têm diferentes fontes ou razões para serem produzidos, Spillner (1991), procedeu à seguinte classificação dos erros.

Esta classificação, mesmo quando se centra em determinados tipos de erros, tem uma cobertura extensa e as causas para a ocorrência de diferentes erros podem ser tanto de factores internos como externos. Assim, serão revistos alguns aspectos relevantes para a investigação em relação à análise dos erros e da interlíngua (Corder, 1982).

A aquisição de uma L1 ou língua materna faz parte do processo de maturação que um aluno tem de desenvolver, enquanto uma L2, L3 ou mais são adquiridas depois da L1. Geralmente, a aquisição de uma L2 está associada a diferentes factores, como o input a que o aluno está sujeito, a metodologia utilizada pelo professor e a própria motivação do aluno para estudar a L2. Estes e muitos outros factores podem influenciar positiva ou negativamente o processo de aprendizagem do aluno.

No entanto, isso não isenta o aluno de cometer erros durante o seu processo de comunicação com base nas suas necessidades, tanto oralmente como por escrito. Os erros são uma fonte importante para o professor, porque fornecem a informação necessária para que ele possa dar ao aluno um feedback correto e, se necessário, variar tanto a metodologia como o material didático utilizado. Também nos indicam o progresso do aluno.

Na medida em que está relacionado com a utilidade do aluno, é útil na medida em que esclarece as estratégias utilizadas para adquirir os novos conhecimentos e, finalmente, porque os erros fazem parte do seu processo de aprendizagem e porque ninguém até hoje encontrou um método que os elimine completamente. Para este autor, a classificação correcta dos erros permitirá uma melhor compreensão do desempenho do aluno, pelo que a sua classificação dos erros é "omissão, adição, seleção e ordem (Corder, 1982, p. 36). Estes parâmetros gerais podem ser aplicados à parte gramatical do estudo.

Por outro lado, independentemente da área a ser estudada através da EA, a interpretação dada aos erros deve ser enquadrada no contexto e no uso correto da gramática que o aluno faz da L1 em relação à L2.

Quando se trata de determinar o tipo de erro cometido por um aluno, a interpretação correcta do erro marca a diferença entre erros de situação, de contextualização e de interpretação. O vocabulário utilizado é tão importante como as estruturas gramaticais. Porque juntos podem transmitir uma mensagem clara ao leitor. Se fosse o caso de utilizar a estrutura correcta, mas não o vocabulário adequado, isso daria lugar a uma leitura subjectiva por parte do leitor. É difícil saber se o aluno interiorizou a linguagem ou se simplesmente repete frases aprendidas anteriormente, mas sem saber o seu verdadeiro significado nos diferentes contextos, gerando assim o erro.

No estudo da LE, podem ocorrer erros de transferência, como os encontrados em alunos que têm o espanhol como primeira língua, "no nível elementar seriam cerca de 40 por cento do total de erros", enquanto no nível intermédio a proporção seria de 20 por cento. Já os erros de hipergeneralização com alunos do nível elementar foram encontrados em cerca de 60%, enquanto que, se nos referirmos ao nível intermédio, encontramos uma proporção de 80% (Yanguas, 1983, p.162).

Sinais de pontuação num texto escrito

Para escrever corretamente, o aluno deve recorrer a vários elementos. Partilha-se a posição de que "para aprender a escrever com correção e fluência é preciso escrever, escrever e escrever" (Maqueo, 2005, p.13). Só a prática contínua permitirá ao aluno reforçar os seus conhecimentos no âmbito desta competência em cada um dos níveis estudados.

Mas não só se deve escrever escrevendo, como também se deve utilizar os diferentes sinais de pontuação para evitar que as mensagens sejam "duvidosas ou ambíguas" (Suazo, 2000, p.107) e para isso devem ser utilizados os diferentes sinais de pontuação. Com isso, o emissor pode enviar mensagens claras, além de acrescentar diferentes nuances para que o recetor capte facilmente o texto escrito. Por isso, é importante que o aluno receba informação atempada sobre pontuação. Uma vez que o aluno deve aprender a distinguir entre os sinais que são regidos por normas fixas e os sinais de pontuação que estão sujeitos à subjetividade da pessoa que escreve o texto ou a mensagem que quer transmitir (Suazo, 2000). Os sinais de pontuação devem ser utilizados corretamente de acordo com os diferentes tipos de textos e a mensagem que se pretende transmitir. Por outras palavras, "o uso de alguns deles é uma questão de estilo" (Maqueo, 2005, p.47).

Por este motivo, a pontuação deve ser utilizada de forma adequada, para que a mensagem possa ser qualificada de forma a ser atractiva para quem lê. Esse ponto de vista é compartilhado por Alvarez e Alvarez (2005), que também enfatiza que "se você souber interpretar os sinais de pontuação, poderá ler fielmente um texto escrito" (p.143). Uma vez que cada um deles tem a sua intensidade, modulação e com a ajuda dos outros elementos pode também captar a atenção do leitor. Finalmente, há que referir que existem sinais de pontuação com regras definidas e outros que são utilizados de acordo com as necessidades do escritor (Suazo, 2000).

O que se pretende com a utilização de diferentes sinais de pontuação é evitar a monotonia e o desânimo pela leitura. O campo de ação de cada um dos sinais é amplo, pelo que um breve resumo dos casos se encontra em (Suazo, 2000; Alvarez y Alvarez, 2005; Maqueo, 2005). No entanto, a maioria dos estudantes e professores considera que, por vezes, a pronúncia incorrecta de um som é a causa da falta de comunicação com os falantes nativos e que as suas mensagens são mal interpretadas (Chacon, 2017).

Dentro de um trabalho escrito, um aluno pode ter dificuldade num ou noutro sinal. Maggie Sokolik, professora da Universidade de Berkeley, incentiva a capacidade de escrever em inglês através de cursos presenciais em diferentes países: para além de ensinar a escrever através da web, no seu curso online intitulado Principles of writing 2 (2014) faz referência aos "20 erros comuns", dos quais, refere os erros de pontuação.

Gramática

Entre os elementos gramaticais encontram-se: adjectivos, advérbios, determinantes, preposições, pronomes, substantivos e verbos. Se não conseguir dominar corretamente todos e cada um dos vários elementos interligados para escrever, é inevitável cometer erros. Embora o erro seja visto como um indicador de que o aluno aumenta o conhecimento da língua, deve tentar diminuir a sua presença nos diferentes trabalhos escritos a efetuar pelo aluno.

No que diz respeito aos elementos gramaticais, não seria possível cobrir cada um deles em pormenor num único documento, mas a sua presença é considerada necessária. Os alunos podem apresentar deficiências na utilização de um ou mais destes elementos gramaticais, e prova disso são os diferentes trabalhos de investigação a nível mundial que serão mencionados mais adiante.

No entanto, é comum ver que de composição em composição há "erros que são cometidos pelo aluno repetidamente" (Mora-Flores, 2009, p.2), o que para nós mostraria a presença de fossilização, para este autor, em vez disso, indica a ausência de estratégias de ensino para a escrita, o que neste caso seria tomado como um fracasso no desenvolvimento desta habilidade. Determinar com certeza quais são os erros comuns na escrita não é uma tarefa fácil. Como a sua classificação e apresentação se deve a diferentes factores tanto externos como internos, os objectivos e metas que cada investigador em trabalhos anteriores teve em conta para a hierarquização dos mesmos.

2. CONCEPÇÃO METODOLÓGICA

No presente capítulo é apresentado o problema de investigação, que se refere às desvantagens enfrentadas pelos alunos de inglês da modalidade regular do Departamento de Línguas Especializadas nas provas finais. É feita a justificativa da pesquisa, sua delimitação no tempo e no espaço, pois esta é realizada com os três níveis que os alunos cursam como requisito para a graduação. Faz-se referência aos objetivos gerais e específicos que são os elementos norteadores da pesquisa. Por outro lado, apresentam-se as variáveis e as hipóteses que a sustentam.

Origem do estudo

A ideia de realizar este trabalho de investigação surge do facto de rever algumas investigações sobre a escrita de forma sequencial e de nos depararmos com um problema constante no desenvolvimento da mesma nos diferentes níveis de ensino no Equador e, em particular, na Universidade Técnica de Ambato (UTA).

A experiência de trabalhar com estudantes das diferentes faculdades da UTA deu-nos a oportunidade de evidenciar de perto os problemas constantes que se apresentam nas provas semestrais da secção de escrita. A este fenómeno junta-se o aspeto legal determinado pela Lei do Ensino Superior, que estabelece que os estudantes para poderem licenciar-se devem provar o domínio de uma língua estrangeira.

Apesar de nos depararmos com este fenómeno no processo de ensino-aprendizagem da língua no Departamento de Línguas Especializadas da Universidade Técnica de Ambato, não se encontrou nenhuma investigação que o analisasse em profundidade e propusesse alternativas para melhorar o desenvolvimento da escrita, exceto a informação sobre um caso a nível escolar.

Os trabalhos realizados por Argüelles (2004), Srivoranart (2011) e Munoz (2011) motivaram a presente pesquisa com a intenção de colaborar de alguma forma para diminuir os problemas que os alunos enfrentam a cada semestre, pois também é responsabilidade do professor universitário gerar pesquisa e conhecimento além de ministrar aulas em sala de aula.

Considera-se que este facto fornecerá informações para uma análise aprofundada dos problemas que os alunos enfrentam no momento da escrita, o que, por sua vez, ajudará a propor algumas soluções alternativas para melhorar a escrita no processo de ensino-aprendizagem da língua inglesa.

Não se pode conceber que os problemas se repitam todos os semestres e que os erros sejam constantemente os mesmos e que muitos deles se fossilizem com graves inconvenientes para os alunos. Há casos que apresentam resistência quando se quer trabalhar com exercícios de escrita, pior, são mandados para fazer trabalhos em casa. No momento do teste, alguns alunos não completam a secção de escrita ou fazem-no no último momento, correndo o risco de não obter a pontuação necessária para passar de nível.

A tarefa do professor é levar passo a passo o desenvolvimento da escrita, pois ele deve estar capacitado em estratégias e técnicas a serem utilizadas com seus alunos para motivá-los continuamente, elevar sua autoestima e dar-lhes um caminho a seguir. Por mais difíceis que sejam os casos, deve planear de acordo com o grupo de alunos a seu cargo e estar atento aos progressos ou estagnações que os alunos apresentam no processo de escrita, onde se procuram novas alternativas para auxiliar na aprendizagem. Cada competência é uma parte importante da aprendizagem de uma língua. As quatro habilidades são classificadas em duas receptivas (ouvir e ler) e duas produtivas (falar e escrever), que devem ser desenvolvidas de forma integrada, embora, neste caso, a escrita seja mais reforçada. O conhecimento e o manejo do inglês, neste caso, darão ao aluno, futuro profissional, uma ferramenta decisiva para enfrentar o mundo do trabalho ou para continuar com seus estudos de pós-graduação, já que é um requisito para se candidatar às bolsas de estudo que o governo concede através da Secretaria Nacional de Ciência e Tecnologia (SENESCYT).

No mundo globalizado, é inegável a necessidade de lidar com línguas estrangeiras e principalmente com o inglês, sobretudo aqueles que têm a oportunidade de ensinar essa língua devem fazer de tudo para que os alunos realmente dominem o idioma. Por isso, ao propor uma investigação sobre os problemas que os alunos apresentam no desenvolvimento da escrita, considera-se que ela abrange a realidade do Departamento Especializado de Línguas (DEDI) da Universidade Técnica de Ambato.

Delimitação do problema de estudo

Como já foi referido anteriormente, os alunos que estudam na Universidade Técnica de Ambato, para se formarem nas suas respectivas carreiras, devem credenciar o seu domínio de uma língua estrangeira (LOES, 2010), portanto, para melhorar o desenvolvimento de cada um deles. As competências que compõem o conhecimento e a gestão de uma língua estrangeira devem ser o principal objetivo dos professores do DEDI.

No processo de ensino-aprendizagem de uma língua estrangeira, neste caso o inglês, em cada nível são definidos objectivos a atingir. Para isso, os professores orientam os alunos no desenvolvimento das quatro competências linguísticas, ouvir, ler, falar e escrever.

Dos resultados obtidos e analisados no final de cada semestre, os maiores problemas registam-se na produção oral e escrita. Este facto constitui uma preocupação constante para os professores do DEDI, uma vez que, após a conclusão de um determinado número de níveis, os alunos devem submeter-se e obter aprovação em exames institucionais e internacionais que lhes permitam obter o Certificado de Conhecimentos e Proficiência Linguística para poderem licenciar-se nas respectivas faculdades.

A investigação foi efectuada nos três níveis de Inglês da Modalidade Regular no Departamento de Línguas. O quadro 1 apresenta a calendarização dos níveis referidos.

Tabela 1. Períodos de investigação.

LEVEL		SEMESTER
Beginner	A1	September / 2012-February / 2013
Elementary	A2	March - August / 2013
Pre intermediate B1		September / 2013-February / 2014

Source: self-made.

Formulação do problema

Gomez (2006) que afirma que colocar um problema é "afinar, especificar e estruturar formalmente a ideia de investigação e traduzi-la numa escrita" (p.41). É por isso que, através de uma análise diagnóstica efectuada aos alunos da UDU da UTA, se verificou que os alunos têm diferentes tipos de falhas e que são avaliados de forma diferente pelos professores. Com esta motivação, procura-se identificar quais são os insucessos que dois grupos de alunos devem enfrentar em três períodos consecutivos de estudo da língua inglesa. Uma vez que se pretende promover uma aprendizagem significativa, participativa, colaborativa e síncrona no âmbito da competência da escrita.

Do que precede, pode deduzir-se que a formulação do problema de investigação pode ser enunciada da seguinte forma Os alunos de inglês da modalidade regular da UDDI DEDI apresentam problemas significativos nas composições escritas de exame final de semestre?

Objetivo da investigação

Determinar os problemas nas composições escritas dos testes finais, que apresentam os alunos da língua inglesa do Modo Regular, para propor alternativas que contribuam para melhorar esta competência.

Hipótese

O número de erros na composição escrita difere consoante o grupo de alunos recebe um processo de feedback ou, pelo contrário, não há intervenção do professor.

Conceção da investigação

O texto está enquadrado num desenho pré-experimental e descritivo onde o grau de controlo é mínimo (Hernandez et al., 2010). Por outras palavras, refere-se ao facto de se poder administrar um tratamento a um grupo de intervenção, de se poder aplicar uma medida às variáveis com as quais se trabalha e de se poder observar qual o nível alcançado no grupo em que se pretende trabalhar diferentes aspectos nas composições escritas.

Cientes dessas e de futuras fragilidades, procedemos à socialização do trabalho investigativo com seis professores que atuam na Modalidade Regular do DEDI no semestre setembro/2012 - fevereiro/2013 e que estariam a cargo do nível A1 de inglês, também solicitamos sua colaboração para formar os grupos de trabalho.

Os grupos foram constituídos por todos os alunos legalmente inscritos em dois paralelos dos que foram atribuídos a cada professor. E graças à ajuda prestada pelos professores, foi possível decidir de comum acordo que o professor seria responsável pelo grupo controlado e que o grupo não controlado, é possível ter o compromisso de quatro professores enquanto durou a investigação.

Em relação ao objeto da investigação, faz-se referência à metodologia descritiva, que procura recolher informações sobre grupos que são submetidos a uma análise sobre variáveis que foram previamente estabelecidas para trabalhar (Hernandez et al., 2010). Ou seja, vai-se tentar descrever o processo que os alunos da língua inglesa levam a cabo na realização das composições escritas nos testes finais.

Amostra

A extração da amostra foi realizada através de um procedimento intencional deliberado Mafokozi (2009), ou seja, trabalhámos com grupos de sujeitos que preenchiam determinadas características que se pretendiam para a amostra mas que não seguiam critérios estatísticos rigorosos de seleção. Foram considerados os seguintes critérios.

Através da secretaria do DEDI foi possível saber quantos paralelos de língua inglesa tinham sido abertos em todos os níveis. Cada paralelo tinha capacidade para 35 alunos, mas o número variava consoante a procura dos alunos. Foi pedida a colaboração dos professores que trabalhavam no mesmo local que os alunos.

A amostra foi caracterizada como sendo não probabilística entre os grupos controlados e não controlados. Participaram quatro professores durante os semestres de setembro/2012-fevereiro/2013, março-agosto/2013 e setembro/2013-fevereiro/2014 distribuídos em relação aos dados sobre a participação dos alunos que participaram ativamente durante a presente pesquisa, trabalhamos com 187 alunos distribuídos da seguinte forma.

Instrumentos de medição

Para a recolha de informação foram utilizados dois instrumentos. Estes foram os testes finais do semestre e o questionário validado aplicado a alunos e professores. A prova que se aplica a todos os paralelos nos diferentes níveis é fornecida pelo Centro de Avaliação.

A composição escrita, onde o aluno pode escolher entre três temas diferentes e desenvolver um único tema, ou seja, aquele em que tem mais conteúdo lexical. Por baixo da pergunta, o aluno encontra a grelha com a qual o professor avalia o seu trabalho escrito.

Entre os diferentes instrumentos que podem ser utilizados para a recolha de informação relevante no âmbito de um processo de investigação encontram-se os questionários, considerados como um instrumento de medida Abad (1979). Para a presente investigação foi elaborado um questionário com o objetivo de operacionalizar e quantificar as lacunas nas composições das provas escritas finais. É considerado um procedimento muito prático, pois os conteúdos são organizados de forma a facilitar a obtenção de dados sobre as variáveis estudadas (Borda et al., 2014).

21

3. RESULTADOS

Resultados do questionário do aluno

Os dados obtidos estão representados em tabelas e gráficos. Além disso, é de referir que, para a interpretação de alguns dados, teremos em conta apenas as percentagens mais elevadas registadas nos diferentes níveis e questões.

Tabela 2. Problemas gramaticais nos três níveis.

Respuesta	A1	A2	B1
Yes	45.4%	51.9%	62.7%
No	38.2%	37.9%	29.9%
Sometimes	16.4%	10.2%	7.4%

Relativamente à incidência de problemas gramaticais na comunicação escrita, os resultados da Tabela 2 mostram que (62,7%) dos alunos do nível B1 respondem afirmativamente. 38,2% dos alunos do nível A1 respondem que este tipo de problemas não tem impacto na comunicação escrita. No nível A2, mais de metade dos alunos (51,9%) afirma que os problemas gramaticais influenciam a comunicação escrita.

Quadro 3. Gestão do vocabulário nos três níveis.

	A1	A2	B1
Si	66.4%	65.8%	62.7%
No	12.7%	13.9%	22.4%
Sometimes	20.9%	20.3%	14.9%

Quanto ao papel do vocabulário na comunicação escrita, os alunos do nível A1 afirmam que o conhecimento do vocabulário afecta a comunicação escrita (66,4%). Percentagens semelhantes são encontradas nos outros dois níveis. Por conseguinte, a maioria dos alunos afirma que o vocabulário afecta a comunicação escrita.

O papel do professor em relação a cada atividade que apresenta aos seus alunos é fundamental, como se pode ver no gráfico seguinte 1.

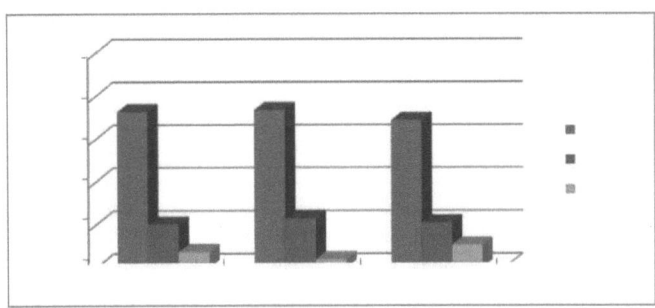

Gráfico 1. Motivação para os exercícios escritos nos três níveis.

22

Para que os alunos realizem vários trabalhos escritos, é importante que estejam motivados. Os três níveis mostram que a grande maioria dos alunos (mais de 70%) é motivada pelos professores para realizar todo o tipo de trabalhos. A atividade de escrita é sequencial, desenvolvida ao longo do tempo e através da prática que cada aluno realiza em diferentes cursos ou níveis de estudo da língua inglesa. Uma amostra disso está resumida na tabela seguinte.

Tabela 4. Erros gramaticais e sua incidência na mensagem nos três níveis.

	A1	A2	B1
Total	37.3%	30.4%	40.3%
Partial	31.8%	40.5%	31.4%
Minimum	29.1%	17.7%	13.4%
Does not affect	1.8%	11.4%	14.9%

Quando os alunos realizam os seus trabalhos escritos, estão sujeitos a cometer erros, incluindo erros gramaticais. Este tipo de erro pode estar presente em qualquer elemento gramatical e é por isso que a mensagem final pode ser interrompida de várias formas. Os alunos do nível B1 expressam através da maior percentagem (40,3%) que os erros gramaticais interrompem completamente as suas composições. Confrontados com a posição dos alunos do nível A2, respondem com 40,5% que este tipo de erros interrompe parcialmente o que se pretende comunicar de forma escrita. Enquanto os alunos do nível A1 expressam através de um 29,1% que embora este tipo de erros esteja presente nos trabalhos escritos a sua incidência é mínima e que por vezes devido ao trabalho realizado pelos alunos não afecta na transmissão da informação escrita.

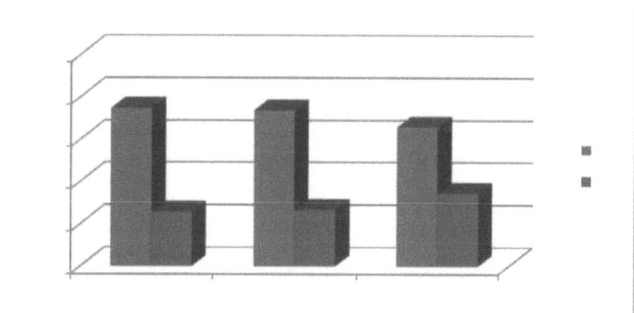

Gráfico 2. Informações sobre as composições nos três níveis.

No processo de aprendizagem de uma língua estrangeira, é importante que os alunos recebam toda a informação de que necessitam para cada actividade. É por isso que, perante a preocupação de saber se têm a informação relevante para realizar os diferentes trabalhos escritos, a maioria dos alunos do nível A1 (74,5%) afirma que os seus professores forneceram a informação relevante. Este facto contrasta com 34,4%, dos alunos do nível B1, que afirmam não receber informação suficiente quando realizam este tipo de actividades.

A escrita aprende-se escrevendo, e ainda mais se o professor der aos seus alunos a oportunidade de praticar a escrita de diferentes formas no processo de aprendizagem da língua estrangeira.

Tabela 5. Problemas no processo de aprendizagem da língua nos três níveis.

	A1	A2	B1
Does not understand explanations in class	20.9%	15.2%	32.8%
Teacher gives little information in class	----	3.8%	----
Teacher does not explain with examples	----	2.6%	----
Teacher uses the same examples from the book	33.7%	17.7%	28.4%
Teacher does not provide extra exercises to strengthen knowledge	39.0%	39.3%	26.9%
Does not pay attention	6.4%	17.7%	11.9%
Not interested	----	3.7%	----

No âmbito das composições e dos diferentes trabalhos escritos, os alunos devem enfrentar várias dificuldades. A Tabela 5; apresenta algumas alternativas face a este particular. De acordo com a opinião dos inquiridos do nível A2, que é apoiada pela percentagem mais elevada (39,2%), as deficiências que têm no momento de realizar as diferentes tarefas escritas devem-se ao facto de, durante as aulas, o professor não fornecer exercícios extra para apoiar as suas explicações.

Os inquiridos do nível A1 (33,6%) afirmam que as suas lacunas estão relacionadas com o tempo que os seus professores têm para abordar os conteúdos gramaticais de cada nível. Devido a este facto, utilizam os mesmos exemplos do livro e, quando os alunos são confrontados com situações que não constam do guia, começam as suas inseguranças. Para além disso, há que referir que os professores utilizam um vocabulário que não é adequado ao nível dos alunos. Tal como se verifica nos alunos do nível B1, que com 32,8% afirmam que em determinadas aulas não compreendem as explicações dadas pelos seus professores na sala de aula e que por receio, tempo ou conteúdo tratado não solicitam uma nova explicação sobre a matéria. Por outro lado, foram encontradas percentagens mínimas que referem que os seus professores lhes dão pouca informação sobre os temas tratados nos livros ou que as explicações dadas pelos professores são abstractas, ou seja, não utilizam exemplos para o esclarecimento de ideias ou conceitos. Da mesma forma, verifica-se em percentagens mínimas que são os alunos que não prestam atenção aos temas abordados nas aulas e não demonstram qualquer interesse em aprender a língua estrangeira.

Tabela 6. Estruturas gramaticais possíveis em trabalhos escritos nos três níveis.

	A1	A2	B1
Affirmative sentences using the present, past, future, certain compound times	28.1%	21.6%	34.3%
Negative sentences using the present, past, future, certain compound times	26.4%	22.8%	25.4%
Direct questions using the present, past, future, certain compound times	15.5%	16.5%	14.9%
Indirect questions using the present, past, future, certain compound times	22.7%	18.9%	11.9%
Use of manners using the present, past, future, certain compound times	7.3%	20.2%	13.5%

Os alunos podem utilizar diferentes estruturas gramaticais nos seus trabalhos. A Tabela 6 mostra as estruturas gramaticais mais utilizadas nos diferentes níveis. Da mesma forma, é exigido o uso de vocabulário adequado, a pontuação relevante, a organização das ideias, a criatividade própria, entre outras opções que não são fáceis de controlar pelos professores. No entanto, gramaticalmente, é-lhes pedido que utilizem determinados tempos verbais. No nível B1, a maioria dos alunos (34,3%) responde que, nas composições escritas, as suas maiores falhas estão no tratamento de frases afirmativas em diferentes tempos verbais. Enquanto que para os alunos do nível A1 os seus problemas são os apresentados na tabela 7, em primeiro lugar, com (26,3%) os alunos expressam que têm dificuldade em lidar com frases negativas formadas em diferentes tempos verbais e em segundo lugar, (22,7%) dizem que os problemas também são gerados quando se utilizam perguntas indirectas em diferentes tempos verbais. Por outro lado, é o critério dos alunos do nível A2, que através de 20,2% afirmam que seus problemas são gerados no uso das diferentes maneiras construídas com base nos diferentes tempos. Os alunos dos três níveis expressam que não têm maiores dificuldades no uso das perguntas directas construídas nos diferentes tempos verbais por serem de uso mais frequente nos diálogos do material guia bem como do seu uso na prática oral. Não houve sugestão de outras estruturas que causem dificuldades aos alunos na realização dos diferentes trabalhos escritos.

Os quatro quadros seguintes resumem as informações encontradas nos diferentes elementos gramaticais dos três níveis em diferentes situações.

Tabela 7. Elemento gramatical de difícil assimilação nos três níveis.

Point out which of the following elements, in your opinion, is more difficult for you to assimilate into written compositions											
Level A1				Level A2				Level B1			
Nothing agree	Agree	Fairly agree	Strongly Agree	Nothing agree	Agree	Fairly agree	Strongly Agree	Nothing agree	Agree	Fairly agree	Strongly Agree
Adjectives											
10.9%	20.0	23.6%	24.5%	16.4%	21.5%	24.0%	26.5%	25.3%	25.3%	25.3%	23.8%
Adverbs											
19.0%	20.0	27.2%	13.6%	20.2%	20.2%	20.2%	29.1%	20.8%	20.8%	28.3%	29.8%
Determinants											
20.9%	19.0	21.8%	20.0%	16.4%	24.0%	21.5%	26.5%	23.8%	20.8%	25.3%	29.8%
Prepositions											
16.3%	26.3	20.0%	20.0%	26.5%	25.3%	16.4%	20.2%	28.3%	25.3%	22.3%	23.8%
Pronouns											
11.8%	20.9	18.1%	27.2%	20.2%	20.2%	24.0%	24.0%	25.3%	25.3%	22.3%	26.8%
Nouns											
19.0%	20.0	20.0%	18.1%	21.5%	20.2%	18.9%	27.8%	31.3%	20.8%	23.8%	23.8%
Verbs											
14.5%	18.1%	20.0%	26.3%	25.3%	13.9%	22.7%	26.5%	19.4%	26.8%	26.8%	26.8%

A tabela 7 resume as respostas dos inquiridos quanto ao elemento gramatical que lhes é mais difícil de assimilar no processo de aprendizagem da língua. Os alunos dos níveis A2 e B1 concordam com 29,1% e 29,8%, respetivamente, que têm dificuldades na gestão dos advérbios.

Enquanto os alunos do nível A1 (27,2%) afirmam concordar fortemente que têm problemas com os pronomes quando escrevem os seus trabalhos. Em geral, verifica-se que, nos três níveis, há uma ligeira diferença de percentagens no grau de dificuldade dos diferentes elementos gramaticais.

Tabela 8. Elementos gramaticais que causam falhas nos três níveis.

Tick which of the following elements cause most of the grammatical errors within writing composition											
Level A1				Level A2				Level B1			
Nothing agree	Agree	Fairly agree	Strongly Agree	Nothing agree	Agree	Fairly agree	Strongly Agree	Nothing agree	Agree	Fairly agree	Strongly Agree
Adjectives											
20.9%	17.2%	21.8%	22.7%	17.7%	18.9%	26.5%	26.5%	29.8%	23.8%	20.8%	25.3%
Adverbs											
15.4%	20.9%	20.9%	21.8%	22.7%	18.9%	18.9%	27.8%	28.3%	22.3%	17.9%	31.3%
Determinants											
24.5%	22.7%	15.4%	20.0%	15.1%	24.0%	25.3%	21.5%	26.8%	22.3%	25.3%	22.3%
Prepositions											
25.4%	22.7%	20.9%	20.9%	21.5%	17.7%	21.5%	25.3%	23.8%	19.4%	28.3%	28.3%
Pronouns											
16.3%	21.8%	19.0%	20.0%	21.5%	18.9%	31.6%	16.4%	20.8%	19.4%	31.3%	28.3%
Nouns											
20.9%	18.1%	17.2%	22.7%	20.2%	21.5%	22.7%	24.0%	19.4%	25.3%	32.8%	20.8%
Verbs											
21.8%	16.3%	21.8%	17.2%	25.3%	24.0%	17.7%	21.5%	28.3%	32.8%	19.4%	19.4%

Na recolha de informação, foi tida em consideração a opinião dos alunos em relação ao elemento gramatical que origina os erros nos seus trabalhos escritos. Os alunos dos níveis A2 e B1 expressam com 27,8% e 31,3%, respetivamente, que concordam fortemente que os advérbios são os que geram o maior número de erros nos trabalhos escritos que os alunos realizam.

Os alunos do nível A1 (22,7%) expressam que concordam fortemente que os substantivos (sujeitos) são os que causam erros quando não combinam género e número dentro das diferentes estruturas gramaticais. Como se pode observar no resto dos elementos gramaticais, gerou-se uma ligeira tendência negativa nos trabalhos escritos realizados pelos alunos dos três níveis.

Quanto à relação entre os usos da língua espanhola nas diferentes componentes pelos alunos de inglês, os resultados indicam que, no nível A1, a maioria (30%) concorda fortemente que os determinantes tendem a ser traduzidos nos diferentes trabalhos escritos.

Enquanto (29,1%) dos alunos do nível A2 concordam que os substantivos (sujeitos) são os utilizados em espanhol. Verifica-se que os alunos do nível B1 (32,8%) afirmam concordar com o facto de os advérbios serem os elementos traduzidos do espanhol.

Os outros elementos mantêm uma tendência irregular em percentagens semelhantes nos três níveis. Finalmente, encontramos as opiniões dos inquiridos relativamente à utilização frequente dos vários elementos gramaticais nos seus trabalhos escritos, porque se sentem confiantes no seu desempenho em língua inglesa.

Tabela 9. Utilização de elementos gramaticais nas traduções dos três níveis.

Point out which of the following elements, in your opinion, transfer from Spanish to English at the time of writing											
Level A1				Level A2				Level B1			
Nothing agree	Agree	Fairly agree	Strongly Agree	Nothing agree	Agree	Fairly agree	Strongly Agree	Nothing agree	Agree	Fairly agree	Strongly Agree
Adjectives											
20.0%	22.7%	21.8%	14.5%	22.7%	18.9%	21.5%	25.3%	26.8%	26.8%	23.8%	22.3%
Adverbs											
17.2%	18.1%	23.6%	19.0%	17.7%	26.5%	17.7%	26.5%	17.9%	32.8%	25.3%	23.8%
Determinants											
22.7%	11.8%	15.4%	30.0%	21.5%	18.9%	24.0%	24.0%	17.9%	25.3%	28.3%	28.3%
Prepositions											
16.3%	20.9%	20.0%	20.0%	18.9%	21.5%	21.5%	26.5%	22.3%	22.3%	26.8%	28.3%
Pronouns											
18.1%	24.5%	21.8%	18.1%	16.4%	20.2%	26.5%	25.3%	28.3%	22.3%	23.8%	25.3%
Nouns											
14.5%	18.1%	21.8%	28.1%	16.4%	24.0%	18.9%	29.1%	29.8%	19.4%	23.8%	26.8%
Verbs											
22.7%	15.4%	14.5%	19.0%	21.5%	21.5%	24.0%	21.5%	32.8%	17.9%	20.8%	31.3%

Tabela 10. Elemento gramatical frequentemente utilizado nos três níveis.

Tick which of the following elements, in your opinion, you usually repeat in your written work											
Level A1				Level A2				Level B1			
Nothing agree	Agree	Fairly agree	Strongly Agree	Nothing agree	Agree	Fairly agree	Strongly Agree	Nothing agree	Agree	Fairly agree	Strongly Agree
Adjectives											
14.5%	20.0%	23.6%	20.0%	17.7%	21.5%	21.5%	26.5%	22.3%	26.8%	25.3%	25.3%
Adverbs											
16.3%	14.5%	24.5%	26.3%	17.7%	27.8%	21.5%	21.5%	29.8%	23.8%	20.8%	25.3%
Determinants											
22.7%	18.1%	21.8%	20.0%	20.2%	18.9%	18.9%	30.3%	28.3%	29.8%	20.8%	20.8%
Prepositions											
13.6%	17.2%	23.6%	24.5%	22.7%	17.7%	25.3%	22.7%	17.9%	25.3%	26.8%	29.8%
Pronouns											
20.9%	13.6%	20.0%	22.7%	15.1%	20.2%	31.6%	21.5%	25.3%	19.4%	26.8%	28.3%
Nouns											
16.3%	17.2%	23.6%	20.0%	16.4%	25.3%	21.5%	22.7%	26.8%	22.3%	22.3%	28.3%
Verbs											
18.1%	12.7%	21.8%	26.3%	20.2%	25.3%	21.5%	20.2%	25.3%	25.3%	19.4%	29.8%

Como já foi referido, a aprendizagem de uma língua é um processo que exige tempo e esforço. Os inquiridos precisam de ambos para lidar com os diferentes elementos que, em conjunto, lhes permitem escrever em inglês. Desta forma, os alunos podem utilizá-los frequentemente nas suas actividades escritas. No nível A1, 26,3% dos alunos concordam fortemente que utilizam frequentemente advérbios e verbos nas suas tarefas escritas. Os alunos do nível A2 (31,6%) afirmam concordar bastante com o facto de os pronomes serem muito utilizados nas suas composições. Finalmente, os alunos do nível B1

(29,8%) respondem que concordam bastante que usam preferencialmente preposições e verbos nas actividades escritas. Os outros elementos apresentam percentagens baixas e comportam-se de forma irregular nos três níveis.

Ao longo da análise descritiva, foi possível verificar que há falhas em alguns elementos gramaticais tanto por parte do professor quanto pelo próprio desempenho dos alunos. As respostas dadas pelos alunos dos três níveis quanto ao seu posicionamento frente ao possível módulo de escrita em inglês como forma de incentivar a aprendizagem de inglês como língua estrangeira.

Elementos gramaticais

Tabela 11. Diferença de médias no nível de iniciação A1.

ADJECTIVES		ADVERBS		DETERMINANTS		PREPOSITIONS		PRONOUNS		SUBJECTS		VERBS	
$\bar{X}_{int}$	$\bar{X}_{nint}$	$\bar{X}_{int}$	$\bar{X}_{nint}$	$\bar{X}_{int}$	$\bar{X}_{nint}$	$\bar{X}_{int}$	$\bar{X}_{nint}$	$\bar{X}_{int}$	$\bar{X}_{nint}$	$\bar{X}_{int}$	$\bar{X}_{nint}$	$\bar{X}_{int}$	$\bar{X}_{nint}$
1,074	1,768	1,389	1,857	1,926	4,589	1,056	1,679	1,019	2,393	0,130	0,732	0,130	0,732
2,162		1,225		6,444		1,937		4,489		2,984		2,984	
0,033*		0,223		0,000**		0,055		0,000**		0,004**		0,004**	

* significativo al 5%
** significativo al 1%

Analisando a Tabela 11, verifica-se que a média (x) dos elementos gramaticais no grupo controlado é menor em todos os elementos do que no grupo não controlado. Da mesma forma, há diferenças significativas a favor do grupo controlado na determinação de adjectivos, pronomes, sujeitos e verbos. Assim, pode concluir-se que o processo de feedback contínuo teve um impacto positivo no desempenho escrito dos alunos. Ao contrário dos resultados obtidos no caso dos advérbios, que podem ocupar diferentes posições dentro da gramática inglesa, e no caso das preposições, que necessitam de um vocabulário específico e podem também ocupar diferentes posições dentro da estrutura gramatical. Os dados encontrados indicam que estes dois elementos gramaticais são estatisticamente iguais.

Indicadores de avaliação de nível em Principiante A1.

É apresentada uma tabela comparativa dos resultados obtidos entre as médias do grupo controlado e não controlado, onde se considera que o primeiro recebeu um processo de feedback em cada um dos indicadores e o outro não. A Tabela 12 apresenta um resumo dos resultados obtidos.

Tabela 12. Indicadores de controlo de nível Iniciante A1.

FLUENCY		ORGANIZATION		SPELLING		PUNCTUATION		VOCABULARY	
$\bar{X}_{int}$	$\bar{X}_{nint}$	$\bar{X}_{int}$	$\bar{X}_{nint}$	$\bar{X}_{int}$	$\bar{X}_{nint}$	$\bar{X}_{int}$	$\bar{X}_{nint}$	$\bar{X}_{int}$	$\bar{X}_{nint}$
1,722	2,196	2,019	2,375	2,315	3,125	1,204	1,643	1,889	2,321
3,527		2,691		1,671		3,902		3,054	
0,001**		0,008**		0,098		0,000**		0,003**	

* significativo al 5%
** significativo al 1%

No âmbito dos indicadores de avaliação, foram encontradas diferenças estatisticamente significativas a favor do grupo de controlo em termos de fluência, organização, pontuação e vocabulário, como consequência do efeito do feedback. No que respeita à ortografia, os grupos são estatisticamente iguais, não havendo diferenças significativas entre as taxas de erro.

Indicadores de avaliação de nível no ensino básico A2

As diferenças de médias são apresentadas na secção de escrita do teste final do semestre março-agosto/13 correspondente ao nível Elementar A2.

Tabela 13. Diferença de médias no nível Elementar A2.

ADJECTIVES		ADVERBS		DETERMINANTS		PREPOSITIONS		PRONOUNS		SUBJECTS		VERBS	
$\bar{x}_{ct}$	$\bar{x}_{cint}$	$\bar{x}_{ct}$	$\bar{x}_{cint}$	$\bar{x}_{ct}$	$\bar{x}_{cint}$	$\bar{x}_{ct}$	$\bar{x}_{cint}$	$\bar{x}_{ct}$	$\bar{x}_{cint}$	$\bar{x}_{ct}$	$\bar{x}_{cint}$	$\bar{x}_{ct}$	$\bar{x}_{cint}$
0,895	2,415	0,289	1,463	0,921	1,902	0,921	1,902	1,289	2,512	0,605	1,634	2,079	4,976
3,962 0,000**		4,211 0,000**		2,715 0,008**		2,715 0,008**		2,943 0,004**		3,381 0,001**		4,841 0,000**	

* significativo al 5%
** significativo al 1%

Como se pode ver no Quadro 13, todas as médias de erro (x) do grupo controlado são inferiores às do grupo não controlado. Por conseguinte, pode concluir-se que o processo implementado a este nível foi bem sucedido. Como se pode ver na tabela, os elementos gramaticais são significativos (a = 0,01).

Quadro 14. Indicadores de controlo do nível elementar A2.

FLUENCY		ORGANIZATION		SPELLING		PUNCTUATION		VOCABULARY	
$\bar{x}_{ct}$	$\bar{x}_{cint}$	$\bar{x}_{ct}$	$\bar{x}_{cint}$	$\bar{x}_{ct}$	$\bar{x}_{cint}$	$\bar{x}_{ct}$	$\bar{x}_{cint}$	$\bar{x}_{ct}$	$\bar{x}_{cint}$
1,854	2,684	2,049	1,289	3,756	2,447	1,289	1,098	2,500	1,902
3,728 0,000**		3,570 0,001**		5,614 0,000**		2,212 0,030*		3,930 0,000**	

* significativo al 5%
** significativo al 1%

Na Tabela 14, verifica-se que todos os indicadores de controlo são significativos. Quanto à organização, ortografia, pontuação e vocabulário, as diferenças encontradas não corroboram a hipótese de partida, uma vez que o grupo não controlado comete menos erros e, portanto, tem uma média mais baixa. Pelo contrário, verifica-se como na fluidez, as diferenças encontradas são a favor do grupo controlado com o qual o processo de feedback efectuado tem efeitos positivos sobre os alunos.

Indicadores de avaliação de nível em Pré-intermédio B1

São apresentados os resultados da diferença de médias, para tal é utilizado o teste t de student na secção de escrita do teste final semestral setembro/2013-fevereiro/2014 entre os grupos acima referidos, que constam da tabela seguinte.

Tabela 15. Diferença de médias no nível Pré-intermédio B1.

ADJECTIVES		ADVERBS		DETERMINANTS		PREPOSITIONS		PRONOUNS		SUBJECTS		VERBS	
$\bar{X}_{int}$	$\bar{X}_{cint}$	$\bar{X}_{int}$	$\bar{X}_{cint}$	$\bar{X}_{int}$	$\bar{X}_{cint}$	$\bar{X}_{int}$	$\bar{X}_{cint}$	$\bar{X}_{int}$	$\bar{X}_{cint}$	$\bar{X}_{int}$	$\bar{X}_{cint}$	$\bar{X}_{int}$	$\bar{X}_{cint}$
0,484	6,000	0,677	1,556	1,774	1,417	0,419	2,278	1,484	1,167	0,355	2,444	3,161	0,861
48,962 0,000*		3,367 0,001*		1,047 0,299		5,048 0,000*		1,040 0,302		5,811 0,000*		6,211 0,000*	

* significativo al 5%
** significativo al 1%

Analisando a Tabela 15, as médias do grupo controlado de adjectivos, advérbios, preposições e sujeitos, são inferiores às do grupo não controlado. Assim, pode-se concluir que o processo de feedback implementado foi assimilado pelos alunos, gerando diferenças estatisticamente significativas. Por outro lado, as médias do grupo não controlado em determinantes, pronomes e verbos são menores do que as do grupo controlado. Pode-se mencionar que nesses três elementos gramaticais o grupo não-controlado cometeu um número menor de erros. Para além disso, é possível identificar que os determinantes e os pronomes são estatisticamente iguais.

Quadro 16. Indicadores de controlo do nível Pré-intermédio B1.

FLUENCY		ORGANIZATION		SPELLING		PUNCTUATION		VOCABULARY	
$\bar{X}_{int}$	$\bar{X}_{cint}$	$\bar{X}_{int}$	$\bar{X}_{cint}$	$\bar{X}_{int}$	$\bar{X}_{cint}$	$\bar{X}_{int}$	$\bar{X}_{cint}$	$\bar{X}_{int}$	$\bar{X}_{cint}$
2,258	3,417	2,194	2,111	1,935	4,306	1,774	2,444	1,577	1,389
2,901 0,005**		0,492 0,624		4,900 0,000**		3,880 0,000**		2,425 0,018*	

* significativo al 5%
** significativo al 1%

As diferenças de média nos indicadores de fluência, ortografia, pontuação e vocabulário são significativas, como se pode observar na Tabela 16 onde se foca um destes aspectos, verifica-se que no caso do vocabulário, as diferenças não são as esperadas uma vez que a média mais baixa (erros encontrados) corresponde ao grupo não controlado. Relativamente à organização, podemos observar que os grupos são estatisticamente iguais, o que significa que o método implementado não influenciou positivamente o trabalho dos alunos.

Como resumo, são apresentadas as tabelas de valores de significância para cada elemento gramatical, que mostram o impacto da técnica no sistema de ensino na maioria dos elementos nos três níveis da língua inglesa. Isto demonstra que o método de feedback aumenta a aprendizagem dos alunos participantes na presente investigação no domínio da escrita.

Contra os três elementos gramaticais no nível principiante A1 e dois no nível Pré-intermédio B1 em que não se obtiveram resultados favoráveis ao método implementado.

Tabela 17. Elementos gramaticais nos três níveis.

LEVEL	ADJECTIVES	ADBERVS	DETERMINANTS	PREPOSITIONS	PRONOUNS	NOUNS	VERBS.
A1	0,033	0,223	0,000**	0,055	0,000**	0,004**	0,004**
A2	0,000**	0,000**	0,008**	0,008**	0,004**	0,001**	0,000**
B1	0,000**	0,001**	0,299	0,000**	0,302	0,000**	0,000**

* Significant at 5%
** significant at 1%

Da mesma forma, verifica-se na tabela 17 que, dentro dos indicadores de controlo, entre a grande maioria dos elementos dos três níveis se obteve um impacto positivo no processo de escrita realizado pelos alunos de inglês e este foi o efeito do feedback contínuo. Apenas em dois elementos, um do nível A1 e outro do nível B1, não se obtiveram alterações a favor da atividade realizada.

Quadro 18. Indicadores de controlo aos três níveis.

LEVEL	FLUENCY	ORGANIZATION	SPELLING	PUNTUATION	VOCABULARY
A1	0,001**	0,008**	0,098	0,000**	0,003**
A2	0,000**	0,001**	0,000**	0,030*	0,000**
B1	0,005**	0,0624	0,000**	0,000**	0,018*

* Significant at 5%
** significant at 1%

CONCLUSÕES

Após o processo, foi possível determinar que os problemas de escrita em língua inglesa entre os estudantes universitários quando aprendem esta língua são: advérbios, preposições, determinantes e pronomes em diferentes níveis e nível de indicadores de avaliação em ortografia e organização em dois níveis. Foi identificado nas composições escritas, através da média de erros entre os grupos participantes, que os erros são a nível gramatical; os erros estão presentes após o processo de feedback do professor com os alunos nos três níveis.

O uso correto dos elementos gramaticais foi indicado por [6], na sua classificação dos treze erros, entre os quais se encontram os verbos, as preposições, os artigos, a ortografia. Assim, é possível comparar os resultados obtidos através dos trabalhos escritos dos alunos que apresentam dificuldades em aspectos gramaticais semelhantes nos diferentes níveis de ensino.

No nível Iniciado A1, as dificuldades no manuseamento de advérbios e preposições, semelhantes ao proposto por [19], especificamente em relação ao manuseamento dos advérbios. No nível Elementar A2 obtiveram-se resultados positivos em todos os elementos gramaticais e de avaliação relativamente ao trabalho escrito do grupo de intervenção.

Enquanto no Pré-intermédio B1 as deficiências foram encontradas na gestão de determinantes e pronomes. Seguindo o trabalho de [13], verifica-se que os erros dos alunos chineses no manuseamento das preposições, que fazem parte do grupo dos determinantes, coincidem. A classificação das gramáticas baseia-se nos respectivos níveis contidos nos livros-guia da série English Unlimited para cada nível.

Os elementos de avaliação utilizados por esta unidade académica (fluência, organização, ortografia, pontuação e vocabulário), pelos dados obtidos na presente investigação, foram estabelecidos ao nível do vocabulário. Coincidindo com o trabalho realizado por [18], tanto no nível Iniciante A1 como no Elementar A2, detectou-se um uso limitado baseado na prática de uma composição guiada ou controlada pelos professores durante as horas de aula.

[18] Constata que a ortografia é difícil de gerir. Este é um problema que não pôde ser ultrapassado nos níveis Principiante A1 e Pré-intermédio B1 porque está presente nos vários elementos estudados. No nível Elementar A2, embora este erro não tenha sido eliminado, foi possível diminuir a sua presença nos trabalhos escritos.

Verifica-se que os grupos apresentam falhas nos elementos estudados de várias formas em cada nível, através dos resultados do teste t de Student de amostras independentes e estão representados nos valores de p das médias dos erros, como mostra a Tabela 4. Propõe-se para futuras investigações, a implementação de um módulo para o ensino consecutivo das competências de escrita. O mesmo que faria parte do plano de estudos que cada professor faz no início do semestre e que deveria ser seguido, independentemente da mudança de professor, bem como da frequência de estudo dos alunos.

REFERÊNCIAS BIBLIOGRÁFICAS

Abad, M. (1979). Evaluacion de la fiabilidad y validez del cuestionario. En Investigación *evaluativa en documentación. Aplicacion a la documentación médica.* (180-183). Valencia: Universitat de Valencia.

Alvarez, S. (2004). *La gramdtica de texto.* Quito: Libresa.

Alvarez, I. y Alvarez, A. (2005a). *Hablar en espanol.* Universidad de Oviedo: Oviedo. Alvarez, I. y Alvarez, A. (2005b). *Escribir en espanol. La creacion del texto escrito.*

Composição e uso de modelos de texto. Oviedo: Nobel, S.A.

Asamblea Constituyente (2008). Constitucion Ecuatoriana. Disponível em:
http://www.unesco.org/culture/natlaws/media/pdf/ecuador/ecuador constitucion po litica 1998 spa orof.pdf [2014, 14 de febrero]

Asamblea Constituyente (2008). Constitución Ecuatoriana. Disponível em:
http://www.asambleanacional.gov.ec/documentos/constitucion de bolsillo.pdf [2014, 14 de febrero].

Argüelles, I. (2004). *Avaliação e calibração de resumos de textos expositivos na aula de FLE/IFE: o guia "BARBAR".* Madrid: Universidad Politécnica de Madrid.

Borda, M., Tuesca, R. y E. Navarro. (2014). Recoleccion de datos. En *Métodos cuantitativos. Herramientas para la investigación en salud.* (4^ ed.). (pp.43-64). Barranquilla:Universidad del Norte.
Brennan, J. (1999). *Historia y sistemas de la psicologia.* (5a. ed.) Naucalpan de Juarez: Prentice Hall Hispanoamericana, S.A.

Chacon, G. P. (2017). Problemas fonologicos en aprendientes costarricenses de inglés (Pronunciation Difficulties for Costa Rican EFL Learners). LETRAS, 2(58), 141-171.

Celce-Murcia, M., Brinton, D. y Goodwin, J. (1996). Análise e prevenção de erros. *EnEnsinar a pronunciação: Uma referência para professores de inglês para falantes de outras línguas.* (15a. ed.). Cambridge: Cambridge University Press.

Celce-Murcia, M., Brinton, D. y Goodwin, J. (2007). *Ensinar a pronúncia: Uma referência para professores de inglês para falantes de outras línguas.* (15a.ed.). Cambridge: Cambridge University Press.

Clavijo Olarte, A. (2016). O ensino de inglês na escola primária: Algumas questões críticasl. *Revista Colombiana de Linguística Aplicada, 2*(18), 7-9.

Comissão das Comunidades Europeias. MCER (2002) *Libro blanco sobre la educacion y la formación: ensenar y aprender.* Bruselas. Autor.

Comparan, J., Amezcua, C., Arriaga, A. y Banuelos, G. (2007). *Lengua Espanola.*

(3a.ed.). Jalisco: Umbral.

Convenio Cultural entre el Gobierno de la República de Ecuador y el Gobierno del Reino Unido de Gran Bretana e Irlanda del Norte. (1979). Quito: Ministerio de Educacion.

Convenio Cultural entre el Gobierno de la República de Ecuador y el Gobierno del Reino Unido de Gran Bretana e Irlanda del

Norte. (1989). Quito: Ministerio de Educacion.

Corder, S. (1982). *Error analysis and interlanguage.* Oxford: Oxford University Press.

Diez-Bedmar, M. (2011). O uso do inglês pelos estudantes pré-universitários espanhóis: Resultados do CEA do exame de admissão à universidade. *Revista Internacional de Estudos Ingleses.* Múrcia: Universidade de Múrcia.

Dupont, L. (2004). *1001 trucos publicitarios.* México: Lectorum.

Espinoza, A. (2013). *Acuerdo Ministerial.* Disponible en:http://educacion.gob.ec/wp-content/uploads/downloads/2014/01/ACUERDO 440-131.pdf [2015. 14 de octubre].

Gass, S., Benney, J. y Plonsky, L. (2013). Análise de erros. En *Aquisição de segunda língua: Um curso introdutório* (4a.ed.). (pp.91-96). Collepino: Routledge.

Garcia, M. (1998). *Metodologi'a para el aprendizaje de la expresion escrita en lengua inglesa en bachillerato.* Tese de doutoramento. Jaén, Universidad de Jaén.

Giron, J. (1993) *Introduction a la explication lingüi'stica de texts: Metodologi'a y pràctica de comentarios lingüi'sticos.* (3a.ed.). Madrid: Edinumen.

Gluth, E. (2003).Análise de erros. *Análise construtiva e análise de erros no que diz respeito ao tratamento do fenómeno de evitamento.* (pp. 6-8). Norderstedt: GRIN Verlag.

Gomez, M. (2006). *Introdução à metodologia da investigação científica.* (1^ ed.). Córdoba: Brujas.

Han, Z. (2003). *Fossilization in adult second language acquisition^.* Nova Iorque: Cromwell Press Ltd.

Harmer, J. (2010). *Como ensinar inglês.* Oxford: Ocelot Publishing.

Hernandez, R., Fernandez, C. y Batista, M. (2010). *Metodologi'a de la investigación.* México D.F.: McGRAW-HILL.

Hutchinson, E. (2005). *Descriptive writing.*Irvine,CA: Saddleback Educational Publish.

James, C. (2013). *Erros na aprendizagem e utilização de línguas. Explorando a análise de erros.* New York: Routledge.

Jensen, E. (2004). *Cerebro y aprendizaje: competencias e implicaciones educativas.* Madrid: Narcea, S.A.

Krashen, S. (2002): The role of the first language in Second language acquisition. EnSecond *language acquisition and second language learning.* (pp. 64-69). Califórnia: Universidade do Sul da Califórnia.

Lado, R. (1957). *Linguistics across cultures: Applied linguistic for language teachers.* Michigan: University of Michigan Press.

Lei Orgânica do Ensino Superior. (2010). Registo Oficial. Ministerio de Educacion.

Lombana, C. (2002). Algumas questões para o ensino da escrita. *Sistemas de Jornal Aberto.* Universidade NacionaldeColombia   .Disponível en:http://www.revistas.unal.edu.co/index.php/profile/article/view/11314 [2013, 20 de julio].

Maqueo, A. (2005). *Ortografi'a.* México, D.F.: Lismusa.

Marimon, C. (2006). As operações argumentativas: As premissas e os argumentos. En *E- excelence para red de comunicaciones Internet.* (pp. 9-11). Madrid: Liceus, servicios de Gestion y Comunicacion S.L.

Martinez, M. (2006). *Taller de lectura y redaccion. Um enfoque construtivista.* México: Pearson Educacion.

Méndez, C. (2012). *Convergencia educativa y diversidad cultural en el EEES. Desde las aulas universitarias multiculturales de segundas lenguas (E/LE) hacia la competencia intercultural.* Salamanca: Universidad de Salamanca.

Meno, F. (2002). Un Nuevo marco para la ensenanza y el aprendizaje de idiomas. *Revista de educação. 329.* (331), 257-261.

Meno, F. (2004). Aprendizaje de lenguas extranjeras a lo largo de la vida. En E. Alcaraz (Comp.). *Nuevas formas de aprendizaje en las lenguas extranjeras.* (pp. 29-32, 37- 41). Madrid: Estilo Estugraf Impresores, S.I.

Ministerio de Educacion, Cultura y Deporte (2002). *Marco comun europeo de referenda para las lenguas: Aprendizaje, ensenanza, evaluacion.* (Trad. por el Instituto Cervantes). Madrid: Secretaria General Técnica de MEDCD y grupo Anaya.

Mafokozi, J. (2009). *Introduction a la estadistica: para la gente de letras.* Madrid: CCS.

Munoz, R. (2011). *Anàlisis multidimensional de la escritura académica de estudiantes universitarios en inglés como lengua extranjera: Variables lingüi'stica y extra- lingüistica.* Tese de doutoramento. Málaga, Universidad de Málaga.

Munoz-Basols, J., Pérez, Y. y David, M. (2012). *Desenvolvimento de competências de escrita em espanhol.* New York: Routledge.

Mora-Flores, E. (2009). *Ensino da escrita para alunos de inglês. Um enfoque no género.* Califórnia: Corwin Press.

Nunan, D. (2011). *Teaching English to Young learners (Ensino de inglês para jovens aprendizes).* Anaheim, CA: Anaheim University Press.

Odlin, T. (1997). Problemas com a análise contrastiva. En *Language transfer: Influência interlinguística na aprendizagem de línguas.* (6a.ed.). (pp. 17-20). Cambridge: Cambridge University Press.

Osborn, T. (2005). *Reflexão crítica e a sala de aula de línguas estrangeiras (PB).* Westport, CT: Information Age Publishing, Inc.

Pozo, I. (2009). Las concepciones sobre el aprendizaje. De la teoria de la copia a la construccion del conocimiento. En I. Pozo y M. Pérez (Coord.). *Psicologi'a de aprendizaje universitario. La formación en competencias.* (pp. 80-83). Madrid: MORATA, S.L.

Rajadell, M. (2009) *Creacion de empresas.* (3a. ed.). Barcelona: Universitat Politécnica de Catalunya.

Schunk, D. (1997). Temas fundamentais no estudo da aprendizagem.En. *Teori'as del aprendizaje.* (2a. ed.).(pp. 12-16). Nalcaupan de Juarez: Pearson Education.

Spillner, B. (1991). Introduction. En *Análise de erros: Uma bibliografia abrangente.* (pp. XIII -XV). Amsterdam: John Benjamins Publishing.

Spratt, M., Pulverness, A. y Williams, M. (2005). *O Curso do Teste de Conhecimentos de Ensino TKT.* Cambridge: Cambridge University Press.

Srivoranart, P. (2011). *El proceso de aprendizaje de ELE por parte de alumnos Tailandeses: Condicionantes lingüi'sticos y culturales*. Tese de doutoramento. Universidad de Alcalá.

Suazo, G. (2000). Los signos de puntuacion. En *prontuario de ortografia espahola. incluye las nuevas reglas*. (pp.107-137). Madrid: Edaf, S.A.

Susz, P. (2005). Lengua y ser. En *La diversidad asediada: Escritos sobre culturas y mundializacion*. La Paz. (pp. 518 - 522). La Paz: Plural editores.

Rico, R. y Doria, E. (2005). *Marketing de retalho: El nuevo marketing para el negocio minorista*. (2a. ed.). Buenos Aires: Pearson Educations S.A.

Taghavi, M. (2012). *Análise de erros na composição de estudantes iranianos de nível intermédio inferior*. Rasht: Guilan University.

Tan, H. (2006). *A study of EFL learners' writing errors and instructional strategies*. Taiwan: Universidade de KunShan.

Torres-Gonzalez, R. (2002). *Idioma, bilingüismo y nacionalidad: La presencia del inglés en Puerto Rico*. Porto Rico: Universidad de Puerto Rico.

Valle, J. (2011). Acciones de la union Europea en materia de innovacion educativa. En Estudio sobre la innovacion educativa en Espana. *Innovacion*. 17, 460 -463

Van Pattern, B. y Benati, A. (2010). Erro/análise de erros. En *termos chave em aquisição de segunda língua*. (pp. 82-85). New York: Contiuum International Publishing Group.

Verdü, M., Verdü, J. y Coyle, Y. (2002). *La ensenanza de inglés en el aula de primaria: Propuesta para el diseno de unidades didàcticas*. Murcia: Editum.

Watcharapunyawong, S. y Yusaha, S. (2012). Erros de escrita de estudantes tailandeses de EFL em diferentes tipos de texto. The interference of the first language. En *English language Teaching*. 6 (1), 67-78. Nakhon Rachasima: Universidade de Tecnologia de Suranaree.

Wetzorke, R. (2005). O que é a análise de erros e quais são os seus objectivos? En *Uma introdução ao conceito de análise de erros*. (pp. 2-3). Norderstedt: GRIN Verlag.

Yang, X. y Xu, H. (2001). Teorias de análise de erros. En *Erros de criatividade: An analysis of lexical errors committed by Chinese ESL students* (pp. 9-17). Maryland: University Press of America, Inc.

Yanguas, A. (1983). *Erros gramaticais produzidos por transferência lingüística na aquisição de uma segunda língua: Consideraciones teoricas sobe una ilustracion contrastiva Espanol- Inglés*. EDITUM (ed.). Madrid: SGEL-Educacion

Zanon, J. (2007). Psicolingüística e didática das línguas: Una aproximacion historica y concetual. *Marco ELE Revista de didàctica ELE*, 5, (1-30).